３６５日を
「日々是好日」にする
禅のこころ

大丈夫！

雲の向こうは、いつも青空。

松原正樹
臨済宗妙心寺派佛母寺住職
コーネル大学宗教学博士

実業之日本社

アメリカの女子学生のメール

「Zen helps me.」

先日、東京に帰省中の私のスマートフォンにメッセージの受信を知らせるサインが入りました。

画面を開いてみると、私が籍を置く米コーネル大学の女子学生からのもので、その内容は恋愛に関する相談でした。恋の悩みは誰もが来た道。共感する方も多いと思いますので、個人情報に配慮しつつ、そのやりとりを少しご紹介したいと思います。

まず、彼女は、相談は“My ex-boyfriend”（元カレ）に関することだと伝えてきました。すでに別れてしまったけれど恋人関係の解消は円満なものだったので、その後も互いに大切な友人同士と認め合って特別な関係を築いてきたということです。

ところが……、

“He is starting a new relationship.”（彼に新しい恋人ができちゃった！）
“How should I deal with it?”（この事態にどう向き合えばいい？）

という悩みを私に打ち明けてくれたのです。

私は、まずは「自分にも同じような経験があった」ことを伝えました。だから気持ちはとってもよくわかるよ、と。そのうえで、自分は元彼女に対して、いつもこう願っていたと話しました。

“May you be happier.”(あなたが幸せになれますように)

そんなのきれいごとだよ、と思われるかもしれません。相談してきた女子学生もこう言ってきました。

“It is indeed very hard.”（それはすごく大変だ）

私は、そうだね、とても大変なことだね、と受け止めた後で、こう聞いてみました。（日本語に訳して紹介します）

「彼のことが大切で、彼に幸せでいてほしいと思う？」

もちろん、彼女の答えは「yes」です。彼のことが本当に大好きなのだから、幸せを願っているのは当然です。ただ、彼女はその幸せの隣に自分という存在があってほしかったのです。だから、その位置を奪う新しい彼女の登場に苦しんでいるわけです。

だけど、と私は続けました。

「自分自身の気持ちを優先する限り、それは、本当に彼を大切にしていることにはならないんじゃないかな」

自分でも、それはよくわかっているのだと彼女は言いました。苦しくてたまらないのだ、と。その葛藤は、もちろん私にもよくわかります。だけど、下手にあいまいな言葉でなぐさめるよりも、私なりに感じていることを伝えたくてこう言いました。

"You can control your emotions. Trust yourself."

そして、“Think of others”と。

やり取り画面に、しばらく沈黙が流れました。待つ間、彼女に上手く伝わるかな、と私自身も緊張していました。でも、数分後、彼女はこんなメッセージを送ってくれました。

“Thank you, Masaki. I really think so.”

そして、こう続きました。

“Zen helps me.”

……このメッセージを受け取ったとき、私はほんとうに驚きました。というのも、私自身は彼女の悩みごとを聞きながら大学における学生と教師の間柄、つまり人生の先輩として自分自身の経験に基づいてアドバイスしているつもりだったからです。なのに、彼女のほうでは、私からの言葉を「Zen（＝禅）」のこころだと理解していたのです。

「Zen helps me（禅が私を救ってくれた）」。

この言葉が、本書の執筆の大きな動機になりました。「禅」という言葉も、もちろん仏教という言葉も使わずに（しかも英語で）ただ必死で相手を想って相談に答えていた私の言葉を、彼女は「禅」だと感じた。なるほど、「禅」

というのは特別な何かではなく、普段の生活の中に、人が生きる日々の暮らしの中に、いろいろな形で寄り添い、人々に気づきや不思議な力を与えているんだ！

改めてそのことに気づき、深い感動を覚えたのです。

私がこの本で伝えたいのは、そういった日常の「禅」であり、仏教の考え方なのです。禅は、今この瞬間も、読者のみなさんのそばにあります。

はじめに

ここで、遅ればせながら、この本を手に取ってくださったあなたに向かって、自己紹介をさせてください。

いきなりアメリカの女子学生との英語の会話で始めたので、「間違った本を手に取ってしまったのか？」とびっくりさせてしまったかもしれません。大丈夫、これは「大丈夫！」の本です。不安やさびしさなどのネガティブな感情に苦しんでいる人たちのために、「あなたは、あなた自身の力でそれを乗り越えていけるんだよ」というメッセージを伝えたくて書き下ろしたものです。

私は東京都港区三田にある臨済宗《りんざいしゅう》妙心寺派《みょうしんじは》の龍源寺《りゅうげんじ》の次男として1973年にこの世に生を受けました。祖父はベストセラー『般若心経入門』の著者である禅僧の松原泰道《たいどう》（1907-2009）。父は禅僧の松原哲明《てつみょう》（1939-2010）。祖母も母の実家も古いお寺です。幼いころから仏教や禅が日常の中に当たり前のようにある環境の中で育ちました。

現在の私は、千葉県富津市《ふっつし》にある臨済宗妙心寺派佛母寺《ぶつもじ》の住職を務めながら一年の半分以上を米・ニューヨークで過ごしています。佛母寺は南房総の鹿野山にあるマザー牧場に隣接した、都心から近い場所にありながらも、四季折々豊かな美しい自然にめぐまれた禅刹《ぜんさつ》です。開山は山田無文《やまだむもん》老師（1900－1988）、開基は産経新聞社、東京タワー、そしてマザー牧場を創業された前田久吉《まえだひさきち》翁（1893－1986）。美しい自然の中で臨済禅の法灯《ほうとう》絶えることなく大切に護《まも》っています。

私は現在、米コーネル大学東アジア研究所研究員を務めています。コーネル大学は、ニューヨーク州北部のイサカという人口約3万人ほどの小さな町にあります。アメリカに渡った理由などは、当時の自分自身の想いや葛藤なども含めて本文でゆっくりと語っていくつもりですので、ここでは簡単な「輪郭《りんかく》」だけを述べておきます。

アメリカに渡ったのは27歳のとき。コーネル大学でアジア研究学の修士号、並びに宗教学博士号を取得。その後、カリフォルニア大学バークレー校仏教学研究所、スタンフォード大学HO仏教学研究所を経て、現在は再びコーネル大学に戻り、東アジア研究所に客員研究員として所属しています。この本を書いている現在は、ブラウン大学宗教学部、並びに瞑想学研究所で非常勤講師として「白隠《はくいん》」を教えてもいます。

アメリカに渡って約20年が過ぎます。その間、アメリカと日本を行き来する生活の中で、見えてきたこと、気づいたことがたくさんあります。中でも最近強く感じるのは、禅および禅的な考え方・物事の捉え方は、国籍や人種、性別、信じる宗教などに関わりなく、誰もが共感でき、人生を支える力になるものだということです。

本書では、これまでに私が会った人たちから受けた相談事とそれに対する答え・考え方などをご紹介しながら、「日常の中にある禅」を実感していただこうと思います。

冒頭で紹介した女子学生がいみじくも「Zen helps me」と書いてきてくれたように、日常の暮らしの中で「禅（Zen）」の教えはきっとあなた自身をおおいに助けてくれるはずです。

大丈夫！　雲の向こうは、いつも青空。　目次

第1章　今、ここにある「禅」

第2章 迷っても、大丈夫！

第3章 不安いっぱいでも、大丈夫!

第4章 つらくても、大丈夫！

第5章 さびしくても、大丈夫！

第6章
人生に「忍耐」は必要

第7章

ほんとうの心の強さとは？

編集協力／白鳥美子
ブックデザイン／ソウルデザイン
DTP／株式会社 千秋社
写真提供／執行草舟コレクション

第1章

今、ここにある「禅」

悩み相談

1

休むのが怖いんです

私はインターネット会社で働くサラリーマンです。会社が急成長し、いまは多くの部下を抱え、部門の責任者をやっています。他業種の同世代の人たちに比べたら、それなりに収入はあるほうです。

ただ、恵まれた生活とは裏腹に、**いまの私自身は「疲労」と「焦り」の塊《かたまり》です**。とにかく仕事量が多い上、働き方改革が始まり、部下に残業をしてもらうことができなくなりました。また日進月歩の業界なので、優れた若手の技術者も多く、ちょっとでも気を抜くと他社の新サービスに後れを取ってしまいます。

自分が休んだら納期までに仕事が終わらない。納期を守れず、クライアントとトラブルにでもなったら、いまのポジションを他の人に取って代わられてしまうかもしれない。そうなったらみっともないし、これまでの収入を維持できなくなり、家族に申し訳ない。もっとがんばらなければ、もっとがんばらなければ……。

そんな不安の中で何年も昼夜問わず仕事を続けてきましたが、最近は通勤の電車の中で急に心臓が締めつけられるような痛みを感じることがあります。病気ではなく、おそらく精神的なことが原因だと思います。禅僧の方のように何事にも動じないメンタルの強さを身につけたいです。（36歳　男性）

私からの回答

まずは、私にご相談いただきありがとうございます。

あなたのような、企業の中枢で忙しく働いている会社員の方々がどんなことに悩み、どんな不安を抱えているのかを私はこれまでにも身近で見てきました。米国のグーグル本社が社員研修のプログラムにマインドフルネスを取り入れた際には、その指導のお手伝いも行いました。それがご縁で国内外いろいろな企業に禅の指導に伺う機会も増えて、多くの会社員の方から様々な打ち明け話をいただいています。

最初にひとことでお答えするなら、「ひと休みしましょう」ということです。お体の検査を受けてみるのも、ちょうどいい機会です。人生においては「止まる」ということも、とても大切な要素だと私は捉えています。

数年前、オーストラリアのメルボルンにて、グーグルとユーチューブの主催でユーチューバーが集まるイベントが開催されましたが、私はそこに登壇者として招かれました。

世界中から集まったユーチューバーたち。彼らの共通の悩みは「クリエイティブなアイディアが涸渇《こかつ》したらどうしよう」という不安でした。司会を担当していたのは、総再生回数3億回を超えるという超人気ユーチューバー。その彼でさえも「常に新しいアイデアを出し続けなければならない」という焦りと不安に苦しんでいました。

ユーチューバーと並べて語るのか？　と驚かれるかもしれませんが、悩みの根は同じであると思います。つまり、「止まるのが怖い」ということです。「止まったら、仕事を失う」、いったん立ち止まってしまったら、もう二度と走り出せないのではないかと感じているのでしょう。

「大丈夫！」です。止まってください。休んでください。

止まってもいい、休んでもいい、と言っているのではありません。「……でもいい」ではなくて「止まった方がいい」「休んだ方がいい」と、私は伝えたいのです。

例えば、みなさんが使われているパソコンを思い浮かべてみてください。どんどんソフトやアプリをインストールして使い続けていたら、必ず容量オーバーになったり、エラーが生じてフリーズしてしまいます。そのとき、どうしますか？　いったん電源を落としますよね。そう、一度「リセット」が必要なのです。

あるいはスマートフォンは高性能ですが、アプリをダウンロードし続けたり、写真やビデオをデバイスに保存し続けるとメモリがいっぱいになって、結局アプリをアンインストールしたり、写真やビデオを削除、または他のストレージに移したりして、デバイスのメモリ容量に空きをつくります。また、デバイスをより効率よく、最新の状態で使うためにＯＳをアップデートしますね。それは普段忙しく過ごしているエンジニアやビジネスマンの方々が日常生活に坐禅を取り入れると、結果的に、自分にゆとりが生じ、自分自身のＯＳをアップデートすることにつながるのにも似ています。

私は「休む」ということには、こういった「リセット」や「見直す」ということも含まれていると思います。

何を見直すのか——それは自分自身です。

止まるからこそ、見える景色がある。

休んでいるときにしか、気づけないものがある。

立ち止まったり休んだりすることは「逃げる」ことでも「手を抜く」ことでもありません。よりよいパフォーマンスのために絶対に必要不可欠なことなのです。

ポーズ！（PAUSE／一時、休め）

「松原先生は修行を積んだお坊さんだから、カッとなったり泣きわめいたりはしないんでしょう？　僕は、また昨日もカッとなって彼女とケンカしちゃったんだ」

時折、そんなことを言ってくる学生たちがいます。

ケンカの相手は恋人や友人の場合もあれば、親や兄弟、ときには街で見知らぬ人となんてこともあるようです。

私に打ち明けてくる時点では、すでに反省したり後悔したりしていて、ずいぶんしょんぼりしているのがかわいそうで、いつも私は、魔法の言葉を教えてあげることにしています。

「ポーズ！」

イラッとしたり、カッとなったりすることは、誰にでもあります。もちろん、私にだってあります。

人間ですので感情があるのは当たり前ですし、むしろ、感情があることが生きていることの証拠でしょう。感情というのは、自然と湧き起こるものですから、それは仕方ありません。カッとしたりムッとしたり、あるいはしゃくりあげるほど大泣きしたりするのは、それ自体は悪いことではありません。感情は、ため込むよりは発散したほうがいいとも思います。

ただし、その感情が湧き上がっている最中に、即座になにかを判断すべきではないでしょう。また、誰かに向かってその感情を投げつけてはいけません。怒っているときに判断して、いいことはなにもありません。

具体的には、「あの人、もう許せない、大嫌い！」という感情が湧き上がった瞬間に、「あなたとは絶交する！」などというメールを送ったりしてはいけないということです。

そういうことがしたくなったら、そのときはいつも思い出してください。

「ポーズ！」

「ポーズ」とは深呼吸することです。これは、強制的に行うべきものです。無理にでも、自分で自分の感情を「一時停止」させてください。カッとなっているときには、どんな判断もしてはいけない。何も言ってはいけない。言いたい言葉が頭に浮かんでも、ぐっと抑えなければいけません。

深呼吸をして、いったん、間をつくる。たいてい、一度深呼吸すると気持ちがいいことに気づいて、3回ぐらいしてみたくなります。そのころには気持ちが落ち着きはじめます。**これを、私は「心の床の間」と呼んでいます。**深呼吸でカッとなって上がって来た感情を、フーと下げるのです。すると、自然に一瞬で落ち着くことができます。

先日、アメリカのビジネスマンの友人が、「マサキに教えてもらった〝ポーズ〟のおかげで、助かったよ」と報告してくれました。

彼は大手企業でマネージャーのポジションにいます。部署内では様々なテーマで会議が行われていて、その進行役を務めるのも彼の業務の一つです。

ある日の会議で、参加している社員と大もめにもめました。どこまで話し合っても平行線で、歩み寄りの余地はありません。最後には声を聞くのさえ苦痛で、「お前の顔なんてもう二度と見たくない！」と言ってしまう寸前だったそうです。

「でも、そのとき、マサキの言葉を思い出したんだよね」

そして、彼は、自分の感情を強制的に「ポーズ」して、こう提案したのです。

「今日はここで打ち切ろう。一週間後に、また話し合おう」


この一週間という時間が、とても価値のあるものだったと彼は振り返って教えてくれました。最初の会議のあとしばらくは、怒り冷めやらぬといった状態で、ムカムカしていたそうです。でも、日が経つにつれて、相手の意見や気持ちにも「理」があるように感じられてきたといいます。一週間後に、改めて会議を開いたとき、彼の口からは素直な気持ちで「この間の話、もう一度ちゃんと聞かせて」という言葉が出ました。同時に、相手方からも「そっちの話も、検討してみようよ」と言ってきて、その日はとても建設的な話し合いができたということです。一週間という時間が、相手にとっても「ポーズ」になっていたわけです。

最適な「ポーズ」の期間が、たった一呼吸のときもあれば、二、三呼吸のこともあるでしょう。また、前述の例のように一週間程度のこともあります。あるいは、事によっては月単位でかかる場合もあるかもしれません。とにかく、大事なことは、自分の感情が煮えたぎっているときには、感情に任せて瞬時に判断しない、そして行動もしないということです。

荒波がおさまってから、振り返って判断する。判断しようとしたときに、まだ感情がおさまっていないことに気づいたら、さらに時間をおく。どれだけかかっても、構いません。

感情は常に一時的なものです。永遠に続く感情などありません。感情という大波に流されないで、いずれやってくる凪《なぎ》を「待つ」勇気。そういう瞬間が必ずやってくることを信じる気持ち。それさえあれば、どんなときも自分を見失うことはありません。

現在とはどんな世の中か？

今の世の中には、「不安」があふれています。

お金に対する不安、健康に関する不安、政治に対する不信感も含めた不安、そして人間関係における不安。将来に夢が持てない、未来に希望が持てない。そういった不安を口にする人が増えているような気がします。一方で、それらの不安をあおるようなテーマの特集が雑誌に組まれたり、便乗する商売をして飯のタネにする人たちも少なからずいて、さらに不安が大きくなっているのも事実でしょう。

また、目まぐるしく変わる環境への不安もあります。様々な面でのグローバル化や多様化の動きは「地球人」としては大変素晴らしい方向性で、私自身もおおいにその浸透を願っていますが、それに伴って現在は多くの不安が生じているようです。

これまで当り前だと思っていたことが、非常識だと言われてしまう。正しいことだと信じていたことが、実は間違っていたかもしれないと気づかされる。文化の違いや科学の発達などをよく考えれば当たり前のことですが、自分にとっての「善」や「価値」と、他者にとってのそれらが違うという場面に遭遇する。

そのような価値観の混乱が、いたるところで起こっています。

変化は世の常で、それを止めることはできません。

日本はこれまでは世界の他の国に比べると「島国」として独自性が守られてきた部分が大きかったのですが、現在起こっているグローバリゼーションの波は、今後も確実に日本を巻き込んでいきます。ほかの国の人たちの流入とともに、さまざまな科学やテクノロジー、文化や思想・宗教が日本にも、どっと入ってくることになります。

例えば職場の同僚たち。今は日本人がほとんどかもしれませんが、近い将来、外国人が多数を占める可能性もあります。上司が外国人、部下の新入社員が外国人ということも珍しくなくなります。職場のこれまでのシステムや習慣も欧米化していくことでしょう。世界の流れは、もうすでにそうなっています。

私たちの生きている世界も、そして時間も「流れ」の中にあります。この「流れ」を意識することが、とても重要です。

京都の老舗の担い手から学ぶ「伝統に生きる」ということ

いわゆる老舗の後継者という立場に立つたくさんの友人にお世話になっております。清水寺成就院住職の大西英玄《おおにしえいげん》和尚、江戸時代後期に創業した生麩の専門店「麩嘉《ふうか》」の7代目小堀周一郎氏、江戸享保年間に創業した祇園の京菓子屋「鍵善良房《かぎぜんよしふさ》」の今西善也氏、桂離宮のすぐ南側で創業明治16年（1883年）以来の約140年間続く饅頭屋「中村軒」の中村亮太氏、300年以上前（享保年間1717年）から京都でお茶や茶器を扱ってきた「一保堂《いっぽどう》」の渡辺正一氏。彼らはみんな京都という土地で「伝統」を背負って生きておられる方々です。

伝統を背負う、つまり、伝統を引き継いでいくということはどういうことなのか。それを考えるとき、彼らの職人としての生き方や哲学、そして実践の中に気づかされることがたくさんあります。

昨年8月、「麩嘉」が経営するニューヨークの大人気日本料理店、精進料理「嘉日

Kajitsu」で、坐禅会特別イベントを開催しました。この「嘉日」は私が毎月一回の坐禅会を開かせていただいている場所です。もともと、この月一の座禅会は、以前から格別のご厚意をいただいていた大西和尚より、小堀氏とお引き合わせをいただきき、さらにご縁がつながっていた渡辺氏と今西氏のご高配とご協力を賜り、2018年10月に私のニューヨークでの「嘉日坐禅会」（嘉日・一保堂共催）が始まりました。

昨年8月の坐禅会は、その大西和尚を迎えての記念すべきものとなりました。麩嘉と嘉日のオーナーである小堀氏は、最後のあいさつの席で「全てのご縁がつながって今回の坐禅会イベントが実現したことを偶然と思うことはできません」とおっしゃっていました。まさにその通りだと思います。巡りに巡ったご縁が一つの坐禅会という目に見える形で現れたのです。

坐禅会イベントの朝、小堀氏は一人で黙々と清水寺伝来のおはぎを一つずつ丁寧につくられていました。なんと、お一人で、です。参加人数分をつくるので、少なくとも60個ほどを一人でつくったことになります。その一つ一つのおはぎに対する集中力と真剣なまなざし、そして真摯につくるその姿は凛としていて、その場を〝聖域〟にしておられました。

大西和尚は、おはぎに使う米を炊くために、清水寺に伝わる「健康・延命長寿」の「音羽の滝の清水」を京都から持参。さらに、一枚一枚に異なった語句が書かれた自筆の色紙を全部で65枚用意しておられ、参加者一人ひとりにその説明付きで色紙を渡されました。

法話の中で大西和尚は、清水寺の「現在進行形仏教寺院」という一面を紹介。時代のニーズに対応しながら、医療、福祉、芸術、芸能、伝統文化、平和活動などの取り組みを関係各位と協力して進め、こうした活動を通して社会に貢献していくことが大事と語られました。

その後のお茶の時間では、小堀氏と渡辺氏が心を込めてたてた抹茶が一杯ずつ参加者に振る舞われました。

坐禅会にこめられた「心のこもった想い」が参加者に伝わったかどうか――それは、彼らが「感謝」という言葉をどれだけ口にしていたかで明らかでした。われわれは何も「心のこもった想いを感じてもらわなければ」と思って意識的にもてなしたのではありません。ただただ、参加してくださる方への感謝からでした。「参加者の方々に楽しんでいただけたら」という感謝の気持ちが自然に出てきただけだったのです。

坐禅会の終了後、まだ真剣に質疑応答の話の続きをしている姿、涙を流している姿、ハグをしている人たちの姿を目の当たりにして、私は救いを求める心、つながり合う心、そして、慈しみの心に国境はないのだと思わざるを得ませんでした。文化や言語、習慣、あるいは人種や民族……、そのような異質な文化同士であっても、皆、人間です。考えること、思うこと、感じることは同じなのです。

大西和尚の真剣なまなざしと優しい語り口、小堀氏の心のこもったおはぎ、渡辺氏の心をこめてたてられた抹茶の一杯が、異質な文化同士の対面の中で融合し、接点となりました。その接点には「つながり合う心」と「相手を想う慈しみの心」がありました。場所はニューヨークのど真ん中。ニューヨークの座禅会であっても、時代の流れにアンテナを張りながらも、しっかりと伝統を守っている彼らの姿を見たのです。

「伝統を守ること」、それは、手づくりであり、気持ちをこめることでした。「自分のかたち」を大切にし、それを崩さないことともいえます。つまり、「伝統を守る」ことは、「時代の流れに敏感にアンテナを張りながらも、かつその流れに飲み込まれない」ということなのでしょう。

私の京都の友人たちは、彼らのニューヨーク滞在でなにかしらのヒントや気づきを得て京都に戻り、自分たちの立つ伝統の持続と変革へのエネルギーを生み出すきっかけを得ていたのかもしれません。伝統の中に暮らしながら、守るべきところは守りつつも、変化を起こすところは起こしていく。時代に沿って人が何を求めているかを常に見つめ、時代の要求に対する順応性を高めながら、「維持するために働きかける」からこそ伝統は続くということを、彼らは確信しているかのようです。

英語にmaintenanceという言葉があります。メインテナンス（メンテと略されることも）というカタカナ語で日本でも機械などの手入れの際に使われることが多い言葉です。意味は「持続・続行」、そして「整備・維持・保存」。つまり、単に持続するという以上に「手を入れながら保っていく」というイメージを含んでいます。続けていくためには、手を入れ続けないといけない。次々と起こる新しいことに対応して、発展していくことが必要なのです。伝統も同じです。新しいもの、新しい考え方を拒むのではなく、そこに自ら飛び込んでいくくらいの気構えで変化に向き合うことがとても大切です。

考えてみれば、文化もしきたりもファッションも流行も、全て人間のつくりものです。もっと言えば、仏教も禅も同様に、人間がつくり出したものです。その主たる人間の価値観が変われば、ほかの全てが変わるのは当然のこと。変わらないものは時代の流れの中で存在意義と価値を失い、消えていく定めです。時代を超えて残り続けるためには発展的に変化していくことが必要ですが、その流れに飲まれてしまってはいけないのです。

そう考えると、「変わっていくこと」に対する向き合い方が変わります。変わってしまって不安、ではなく、変わっていけることは「希望」なのです。

「コア」があるからこそ、ブレない

新しいものと積極的に向き合っていくと言っても、移ろいゆく流行のなにもかもに次から次へと飛びつくことをお勧めしているわけではありません。発展しながら変化していくためには、自分の中に「芯」となる部分を持っていなければなりません。その「芯」となる部分のことを本書では「コア」と呼びます。コアは、核。中心にあるもののことです。

自分の家族の話で恐縮ですが、昭和・平成を代表する仏教伝道師の祖父・泰道和尚、そして師父・哲明和尚は毎日毎日布教に東西南北を駆け巡っていました。泰道和尚は、たとえ誰一人話を聞きに来る人がいなかったとしても、話をするのをやめてはいけないと言っていましたし、遷化《せんげ》の数時間前までも書斎で書き物をしていました。

また、哲明和尚は泰道和尚の通夜の日にも、泰道和尚の代から続いている龍源寺の毎月一度の「禅の会」という座禅会を、「布教に休みなし」として休まずに行いました。哲明和尚の年間の講演回数は800回を超えていた年があったことを覚えています。仏教を求め、禅を求め、インドや中国を幅広く旅をし、仏教の原典を求めて中国からインドへ旅をした玄奘三蔵《げんじょうさんぞう》の足跡をシルクロードに追い、生前にあわせて99回のフィールドワークに出かけておりました。祖父も父も常に「自分自身の道」を進んでおりました。

築地にあるお寿司屋さん「築地玉寿司」をご存じでしょうか。

大正13年に築地で誕生し、現在四代目の中野里陽平社長は31店舗のお店を全国に展開。おしゃれで、かっこいいお店づくり、雰囲気づくりを実現しています。幅広い年齢層のお客様に対してそれぞれに合わせて間合いに変化をつけるなど、魅力的で居心地の良いサービスを追求して提供している中野里社長は「お客様に美味しい海の幸を食べていただくこと」を最も大事に考えています。つまり、「美味しいもので人を幸せにしたい」と。そうする中で、祖父母、父、そして本人へという三代にわたって受け継がれてきた伝統という「大切な心」を一貫、一品に丁寧にこめることを決して忘れません。ここにこそ彼の原点がある。彼は自分の性根玉をしっかりと持っている。だから、彼はブレない。中野里社長は、高校時代からの同級生であり、30年来の親友です。

私はこれらのエピソードに、「コア」を感じます。自分の中心に確かなコアがあるから、どんな新しい波にも、流れにもブレずに対応することができる。つまり、言い換えれば、時代の流れに敏感になりながらも、その流れに飲み込まれない、ということ。そして、そこから何かしらのヒントを得て、発展させることができるのだと思います。

コアがないと、波が去った後、そこには何も残りません。波とともに全てが消え去ってしまいます。

「コア」という概念について、もう少し一緒に考えを深めていきましょう。

コアというのは、自分の中心にあって、軸となるものです。「基本」「基礎」「土台」という言葉でも表せるでしょう。家づくりに土台がしっかりしていることが欠かせないのと同じように、人間がよりよく生きていくためには、コアを持つことが絶対に必要です。

コアとはつまり、「自分が誰なのか」ということです。

禅語の中に「主人公」という言葉が出てくる話があります。（『無門関』第十二則）
中国のある僧が、ある日、石に坐って坐禅をしていました。坐禅というのは、普通は無言で坐っているものなのですが、この僧は時折大きな声で独り言を放ちます。
「主人公！」と、自分に対して呼びかけて、それに対して「はい！」と答え、さらには「目覚めよ！」「はい！」というような自問自答を繰り返します。
（『禅語百選　今日に生きる人間への啓示』〈松原泰道／祥伝社黄金文庫〉より）

このような自分との会話は、読者のみなさんにも経験があるのではないでしょうか。

「がんばれる？」「うん！」
「どうする？」「よし、いくぞ！」

そんな風に自分に対して声を出して問いかけるということは、日常的に誰もがやっていることだと思います。ひとりの人間の中には、呼びかけたり問いかけたりする存在と、それに応える存在が常に同居しています。前者は日常的自我で、外から見てもすぐにわかる存在ですが、後者は本質的自己で、こちらは普段は深く埋もれていて外からは見えません。見えはしないけれど、絶対に必要な存在。それがコアです。

「坐禅」という言葉のほんとうの意味

ここで、一つ、漢字の意味を考えてみましょう。

「坐禅」という文字を見て下さい。

「坐」という漢字は、土の上に人が二人坐っている様子を表しています。最初に瞑想が行われたころのインドでは建物の外で行われていたので、「广（まだれ）」がありません。時代の流れとともに、建物内で行われるようになって「座禅」という文字が使われるようになりました。

「禅」という文字には、「集中する」「何かを見つめる」「検討する」といった意味があります。英語ではthink（考える）、meditate（静思する）、consider（熟考する）という言葉が近いように思います。

さて、「坐」という文字が表す二人の「人」はいったい誰と誰だと思いますか。

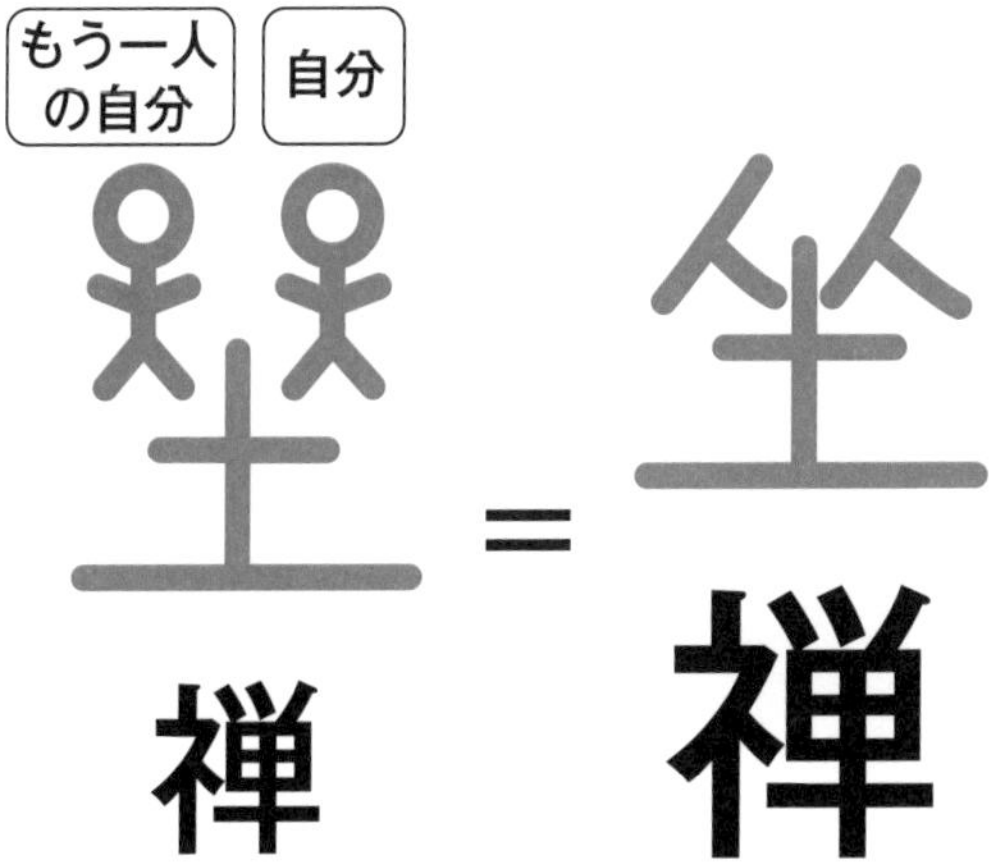

お寺の本堂などでグループで坐禅を行う場面をご覧になったことがある人は、この「人」と「人」は複数の他人が並んでいる様子を表していると考えるかもしれません。でも、実はこの二人の「人」は自分と第三者ではなく、自分と自分の中にいるもう一人の自分なのです。呼びかける自分と、それに応える自分。自分の中にある「主人公」を探している様子を表しているのだと言ってもいいかもしれません。

例えば、何ごとかに直面して「どうしようかな?」と悩む自分。「これだ!」という気づきを得た自分。この二人の自分はコインの両サイドで、両方があってはじめてひとりの自分、なのです。そういう自分自身の内側を見つめ直すのが「坐禅」のほんとうの意味です。坐禅によって自分自身のコアを知る、そして鍛えることができます。

最近の流行に「リトリート」と呼ばれるものがあります。仕事や生活に疲れた人たちが眺めの良い気持ちのいい場所に座って、美味しいものを食べて、日常の面倒なことやストレス、重圧から心を解放し、「ああ、気持ちよかった」「リフレッシュしたなあ」と満足して、また日常に戻っていく。そのこと自体に物申すつもりはありませんし、必要な人にとっては大切な機会なのだと思います。

ただ、それは坐禅ではないし、禅ではありません。それは単なる一時的な「バケーション」であり、気分転換であって、「禅」とは全く違うものです。というのは、内側が動いていないからです。だから、せっかくリトリートで気分が良くなっても、元の生活に戻れば、また同じような疲れがたまっていき、またリトリートに戻る。その繰り返しでしょう。薬を飲んで症状を抑えているのと同じで、根本的な解決にはなりません。

最終的に人間を救うのは自己の覚醒、つまり目覚めであると私は考えるのです。ひらめきというか、ハッ！　という驚き、スイッチが入った瞬間の目覚め、そのような覚醒という経験が、最終的に人間を救うのでしょう。禅はそのことを教えてくれるのです。

「坐禅」の意味が本当にわかってくると、禅は場所を選びません。

東京にいても、ニューヨークにいても、山の中でも自宅の台所でも、掃除をしているときでも常に同じでなければなりません。そうでなければ、それは「坐禅」でもなければ「禅」でもないのです。

また、同時に、一日24時間の一秒一秒が全て「坐禅」のチャンスとなります。日常がそのまま「禅」になるのです。

「一期一会」は世界共通の言葉になる

私のアメリカでの坐禅の教え子の一人に、世界的に有名なラグビー選手がいます。今年日本で開催されたワールドカップにアメリカ代表チームのキャプテンとして出場予定でしたが、残念なことに腓骨を折ってしまって出られなくなってしまいました。

晴れの舞台の寸前での失望と怒り。それを乗り越えるために、彼は私に「スカイプで坐禅をやってくれ」と言ってきました。彼のこの言葉も、禅が特別な何かではなく当り前のように日常に寄り添っていることを示してくれます。

彼はこれまでにも何度も修羅場とも言えるタフな試合を経験しています。2016年5月、全米ナンバーワンを決める試合で前半をリードされて折り返し、後半が始まる前にチームメイトを集めて円陣を組んで、彼は大声でこう叫びました。

〝Ichi-go, ichi-e!〟

「一期一会」です。これを英語で訳すと、〝One moment, One meeting〟です。一瞬一瞬が、出会いである。同じ瞬間にはもう二度と出会えない。

おそらく観衆を含め、あの場にいた人の中で、彼が言ったことをわかったのは、チームメンバーと私だけでしょう。この言葉はチーム練習としての坐禅の時間の中で常に彼らに言ってきた言葉でした。彼が大切な試合でこの言葉をチームメイトに思い出させたことに、私は感動しました。この言葉や考え方は、国や文化の枠を超えて、また、組織や立場を超えて世界の万人に共通するもののようです。

坐禅では四つの心を感じます。


一つ目は、ハーモニー。「調和」ということです。

坐禅では、呼吸に意識を向けます。普段は無意識のうちにしている呼吸ですが、これが止まると、死に至ります。呼吸ができるからこそ、次の瞬間を生きることができる。そのことに思いを寄せると、生きている一秒一秒の素晴らしさを実感できます。呼吸とともに生きている自分、そして他者。いがみ合うことの虚しさを思い知ります。


二つ目は、リスペクト。「敬意」です。

だれもがみんな呼吸をして生きている。生きるということの源はみんな同じ。ただ、それぞれが生きる場所や状況が違うだけ。そこに上下はない。誰もが限られた時間で生かされている。一瞬しか縁のない人でも、限られた中でしか会わない人でも、みんな、自分と同じように生かされている。だから、大事にしよう。尊重しようという想いが生まれます。

三つ目は、エンパシー。これは「共感」です。「調和」と「敬意」をベースに、一緒に生きていきましょうという想い。他者と対するときに、「あなたと私（You and I）」ではなく「私たち（We）」、もしくは「私のあなた」で考える態度が互いの間にある壁を乗り越える力になります。

四つ目は、コネクティビティ。「つながり」です。

一つ目の「調和」から始まり「敬意」、そして「共感」とたどってくると、最後はこの「つながり」に自然と行き着くでしょう。

「一期一会」という言葉は、これら四つの要素を全て含んでいます。「一瞬が、たった一度の出会いである」ということを知る。だからこそ、ハーモニーを大切にして他者をリスペクトしよう。そこから深いエンパシーが生まれて、それはやがて素晴らしいコネクティビティになっていく。

さらに言えば「一期一会」は物や時間的なことだけではなく、存在する全てとの関係においても同様です。ペンも紙もお茶もカップも、全て一期一会。今目の前にあるものも、一瞬後には全てが同じものではありません。

「変化」がこわい？　変わりたくない？

いえいえ、世の中に「変化」しないものは、一つもありません。

一期一会という言葉が、それを教えてくれます。

どんな変化に対しても「大丈夫」と思える自分をつくるには

変化には、いろいろな種類、大きさのものがあります。

例えば、「働き方」ということ一つに注目しても、ここ数十年の間には様々な変化が起こっています。

年功序列という、昭和の時代には当たり前だった制度がすでに形骸化している。ここ数年だけでも、50代社員のリストラが多くの大企業で断行されています。

60歳で定年。後は悠々自適の老後を……というのも、もう、ほとんどおとぎ話のようなものになりました。今は、政府が旗振りをして70歳まで、いやそれ以上も働くことが推奨されています。

職場での上司部下の関係にも変化が起こっています。パワハラやセクハラ問題。これらの意識はもちろんとても大切であり、守らねばならない一線があることは当然ですが、過渡期である今は、それらを恐れるあまりコミュニケーションがうまくとれなくなったなどという話も耳にします。

同じように「結婚」や「出産」についても、「介護」や「子育て」についても、さまざまな考え方や環境の変化があります。親の価値観と子の価値観の乖離という世代的なものだけにとどまらず、個人の価値観も人それぞれです。私の母は3人の男の子を育てました。とても大変だったと思います。その子育ての大先輩に対して、自分の娘を見ていてもらうとき、「そのやり方は違うから」、「そうさせないで」、「そうは食べさせないで」などと注文をつけている自分に驚くこともしばしばあります。

そのような環境や価値観の変化という名の新しい波、違う波が次々に押し寄せてきます。その中で立ち止まってしまう（＝変化を受け入れない）のではなく、波に乗りながらも流されないものを自分の中に持つ。そのことが、今、改めて求められています。どんな荒波の中でも、常に自分の「内側（＝心）」をよい状態に保つこと、コアを確立すること。仏教や禅はそのためにあるのだと私は考えています。

仏教というのは、現在の多くの日本人にとっては「誰かが死んだとき」に必要とされるものとなってしまいました。ですが、本来は、仏教も禅も「生きている人のため」であり、「生きていく」ためのものです。生活に役立たない禅は、意味をなさない。私はそのように考えます。

フランスの詩人ジャン・タルジュー（１９０３－１９９５）の詩に、「死んだ人々は還ってこない以上　生き残った人々は　何がわかればいい？」という問いがあります。その人の死によって、その人が生きていたら決してわからなかったであろうことに、生きている者が気づかされることが大切なのだと教えているのでしょう。

みなさんがこれからの人生で様々な荒波にであっても、「大丈夫！」と心を保つためにこそ、禅はあると思うのです。

第2章

迷っても、大丈夫!

2

長年勤務した会社から早期退職を勧められています

大学を卒業して以来、現在の会社（製造系大手企業）で30年働いてきました。それなりに順調なサラリーマン生活を送り、このまま60歳の定年を迎え、できれば65歳くらいまでは会社に残って後進を育てていこうなどと考えていました。

しかし、今回、会社の早期退職優遇制度の勧告者リストに名前が載り、先日来、何度も面談を設定されて「できれば辞めてほしい」という話を繰り返されています。

悔しくて、情けなくて、こんな会社すぐにでも辞めてやると思う一方で、やはり安定した収入を失うのが怖くて迷っています。知人の紹介で入れそうな会社もなくはないのですが、零細企業に近く、今よりだいぶ収入は減ってしまいます。会社のお荷物のような扱いを受けて、このまま居据わり続けて安定した収入と身分をとるのか、心機一転、新しい環境に飛び込む方がいいのか今もまだ迷っています。（54歳・男性）

30年という長いご勤務、本当にご苦労さまです。家庭と仕事の両方に責任を持ち、さぞや大変なご苦労があったことでしょう。お疲れさまです。これまでの30年間、仕事に心血を注がれてきた。それが、まずは素晴らしいことだと思います。そして、いまその会社から戦力外通告のような憂き目にあっているというわけですが、人生の残り時間を考える意味ではとてもいいチャンスだと思います。

あと何年生きられるのか、と考えたとき、一番大事なのは時間です。時間は有限です。一人ひとりに、それぞれの「人生という時間」が決まっています。もしかしたら明日、タイムアップがやって来るかもしれません。それは、誰にもわかりません。

この文章を書いている今、NBAプロバスケットボールのスーパースター、コビー・ブライアント氏のヘリコプター事故死のニュースが突然入ってきました。41歳という若さでした。この突然のニュースは私にとって、大きな「wake-up call」になりました。これもやってみたいな、あれもやってみようかな、などといつまでも夢を見ている時間はないと気づかされました。時間は限られている。一番大事なのは時間だと。

まさに禅の「無常《むじょう》は迅速《じんそく》なり。光陰矢の如し。時人《ときひと》を待たず」です。どんなにお金や力を持っていても、あと3日の命と言われたとき、誰もが何よりも価値を置くのは時間でしょう。

今回の件は、まず、あなたに対する「wake-up call」だと受け止めてみてはどうでしょうか。

その上で、あなたが選ぶ未来について考えてみましょう。

転職について「収入が減る」とか「大手ではない」という不安はあるでしょうが、就職できるということはあなたを必要としている、歓迎してくれている証拠です。まず、落ち込む前に、世間の全ての人がそのような状況に恵まれるわけではないということをちょっと思い出してみてください。そして、今の会社で、周りから「お荷物」だと陰口を叩かれているような気がして肩身が狭いと感じるよりは、自分の居場所がしっかりとあって、自分らしさを出せる職場の方がよいと私には思えます。

大事なのはポジティブに考えること。ポジティブに物事を考えると、不思議なことに自然とその道に必要なものが集まり、自然と人との出会いにも恵まれるものです。

シンガーソングライターで禅僧でもあったレオナルド・コーエン（1934－2016）の「Anthem」の歌詞に「There is a crack in everything, that's how the light gets in.（全てには裂け目ができる。だからこそそこから光が入り込むんだ）」とあります。**あなたの今回の出来事はまさにその「裂け目」。それはつまり、新しい「光が入り込む」機会でもあります。**

人は一歩踏み出すときがとても難しい。今回のことは、その難しい一歩へ背中を押してくれているのです。競争なんて本当は存在しないのではないでしょうか。一度しかない人生を考えるとき、勝たないといけないレースなんてないのではないでしょうか。今まで会社に時間を費やしてきた分、これからは自分に時間を費やしていきたいですね。

迷わない人はいない

生まれてから一度も迷ったことのない人は、いません。迷うことは、そのことを思い悩んだり苦しんだりするようなネガティブな感情ではなくて、生きていることにくっついてくる当然の心の動きです。人はみんな迷い、悩みます。言い方を変えれば、迷うからこそ人間である、ちゃんと生きている証拠だとも言えるでしょう。

まずは、迷っている自分を楽にしてあげることが大切です。


「迷って当り前だよ」

「そりゃあ、迷うよね！」

「大丈夫！」

「みんな、迷うよ」


なぜ、迷っても大丈夫なのか。

それは、所詮ものごとは「なるようにしかならない」からです。投げやりな気持で言っているのではありません。日常生活というのは、平凡に穏やかな毎日に見えても、決して静止しているわけではありません。日々、ちゃんと流れています。流れが緩やかなときには気がつかないだけで、一瞬たりともその流れは止まってはいないのです。流れは、ときに激しくなることがあります。そんなときに、流れに逆らってあがいてみても体力や気力を消耗するばかりで、何のプラスにもなりません。

濁流下りも、流れに逆らえば進むのは難しいでしょう。朝の通勤ラッシュで、人の流れに逆らって歩くのは大変ですね。飛行機だって、同じ区間を飛んだとしても、向かい風に向かって飛べば、それだけ時間がかかります。

大事なことは、
「流れには、乗るしかない」
ということです。

その流れを、私たちは「縁」と呼びます。
流れの中で出会う全てが「縁」になります。

つまり、迷いも縁のひとつであり、また、次の別の縁へとつなげてくれる役割も果たしてくれているのです。「悪い・良くない縁」もあれば、「良いこと・幸せ」を導くのもまたその同じ縁からです。

自分の外にあるこの大きな流れそのものを個人の力で止めたり変えたりすることはできません。私たちにはコントロールできないものをコントロールしようとするところに苦の元凶があるのです。

だから、ただ「縁にしたがう」。きっと、気持ちが楽になると思います。そして、その中で最善を尽くすことが大事です。心配しても事態は良くならないでしょう。

やらないことでは迷えない

私自身のこれまでの人生を振り返って、最も大きな「迷い」の波がザブンとやって来たのは、大学四年生のときです。一緒に学生時代を過ごした、つまり遊びまわった仲間たちが次々とリクルートスーツに身を包んで企業訪問を始めました。そのスーツ姿の、カッコイイこと！「いいなあ」とうらやましげに見つめていたものです。

というのは、私はお寺の息子で、次男ではありますが、やはり幼いころから「将来はお坊さんにならないといけない」という空気をなんとなく感じていたのでしょうか。誰からも強制はされなかったけれども、自分の進む道は、スーツを着て就職活動をして企業のサラリーマン戦士になる方向ではなく、僧侶になるための修行道場だというプレッシャーが心のどこかにあったのでしょう。

だけど、と当時の私は考えました。

「今すぐに修行を始めなくても、就職活動をしてみて希望する企業に入れたら、しばらくはサラリーマン生活をしてみても構わないんじゃないか」

修行には年齢制限はありません。でも、新卒としての就職は今しかない。カッコイイスーツ姿で企業回りをしてみたい。仲間と一緒に、就職活動の話題で盛り上がりたい。かっこいいビジネスマンライフを送ってみたい。

どうしよう、どうするのが自分にとって正しいのか？――おおいに迷いました。

一人で迷っていても答えが出せなかったので、父に相談してみました。父は一度サラリーマンになり、そこから禅僧になった経緯があります。

しかし、何度相談しても、父の言葉はいつも同じ。

「自分の人生なんだから、自分で決めなさい」

「どうやって生きるかなんて、誰も他人に教えられないよ。それは自分の人生だし、だからこそ、自分で見つけるものだよ」

こっちにしてみれば、決められないから聞いているんじゃないか！　と、イラっとしたり頭に来たり。しまいには悩み過ぎて、今思えばノイローゼ気味になっていたようです。

同じ時期、仲間の一人に、私と同じように悩んでいる友人がいました。彼の実家は築地の老舗寿司店。彼にも家業を継ぐという重圧と責任がありました。前述した築地玉寿司の中野里陽平氏です。

「正樹は坊さん、俺は寿司屋。他のみんなの道とは違うけど、がんばろう」とお互い約束して、よく龍源寺の境内で語り合ったものでした。

あるとき、また父親に「どうしたらいいんだろう」となかなか決められずに困った調子で言葉をぶつけたことがありました。「ずっと迷って考えてるけど、答えが出ないんだ！」と。

そのとき、父はすぐさまこう言いました。

「いくら考えたって、答えなんか出ないよ」

ええっ⁉（と、思わず私はびっくりしたものです）

父は、こう続けました。

「まだやってもないことを、いくら迷っても答えなんか出るはずないじゃないか。なんにも経験していないのに、勝手に想像してどっちがいいとか悪いとか、そんなの答えなんか出るわけがない。まず何でもいいからやってみることだ。そうすれば、その経験が答えを教えてくれる」

父は、だから、まずは行動しなさいと言うのです。

「やってみて、嫌ならやめればいい。いいと思ったら続ければいい。どちらも正しい。まずやってから、考えなさい」

そこまで言われて、「なるほど」とようやく腑に落ちました。まさにその通りだと思いました。長い間悩み続けていたのが嘘のように、父のシンプルな答えに素直に納得できたのです。

就職する道も、仏道修行への道も、どちらのことも本当は知らないのに、どっちがいいかの判断なんてできるはずなかったのです。

「まず、やってみる」

これは、その日以来、私の日々の行動指針でもあります。

迷ったら、まずは動く。動いてから悩めばいい。動いてからどうしようか考えてみればいい。迷ったときには、この言葉が道しるべです。

私の方向性を決めたある出来事

私自身は、その後、結局は修行の道に進むことを決めました。誰から強制されたわけでもなく、自分自身で「まずはこっちでやってみるか」と決心したのです。

ただ、その決意を告げたときには、もうすでに両親の手で修行に必要な衣類や道具が一式用意されていて、

「さすが親はわかっていたんだな」

「まるでお釈迦様の手のひらの上にいる孫悟空だな」

と思ったことを覚えています。それは決して嫌な気持ちではありませんでしたが。

よく、なぜお坊さんになったの？ と聞かれます。いくつかの理由を挙げることができますが、同時に決まっていつも思い出す出来事があります。

あるお葬式での出来事でした。その日、私は初めてお葬式で読経をすることになりました。いま風に軽い言葉で言うなら「お葬式デビュー」です。小さいころからお経は読んでいましたし（母によると3歳ごろには般若心経を空で読めていたそうです）、

それまでにさんざん法要の練習を重ねていたので、立派にお葬式を務めることに一片の不安もありませんでした。しっかりやりとげようと気合が入っていました。

亡くなったのは24歳の女性。死因は癌でした。ご自宅に伺うと、農家の大きな広いお屋敷で、彼女の棺には数か月後に着るはずだったウェディングドレスが掛けられていました。その上には思い出いっぱいの写真の数々が置かれていました。その棺の前にご両親がその姿をじっと見つめて座っていて、式が始まるのを待っていらっしゃったのです。

その棺を見て、わたしの中で何かが「飛んで」しまいました。涙があふれて止まらず、気持ちは混乱して、とてもお経を読むことなんてできません。覚えていたはずなのに、途中から声にならなくなりました。

一緒に伺った大ベテランの知客寮《しかりょう》（僧堂に来る賓客の応接にあたる役で、僧堂全体を取り締まる役の修行僧）が、私の代わりにきちんと経を読み、式は滞りなく終えることができました。

「なんてことをしてしまったんだ！」

私は僧侶としての役割を果たすことができず申し訳ない気持ちでいっぱいでした。

けれども、式の後のごあいさつの中で、まずお母さんが声をかけてくださいました。

「大変なお葬式で、ごめんなさいね」

それにつけ加えるように、お父さんがこんな言葉を。

「お坊さんまで泣いてくれて、娘は幸せです……」


このときが、私の中で「お坊さんになりたい」と心が決まった瞬間でした。**遺族に寄り添いたい、一人前の僧侶になって、きちんとお葬式を出せるようになりたい。そうなれるまで、修行を続けよう、と。**

それ以来、気がつけば迷いなく気持ちは僧侶への道を歩み始めていました。今思えば、あのとき、確かにある「流れ」が大きく動いたのです。そのとき起こったうねりが私を導いてくれました。いまの私があるのも、あのときの体験と想いがあったからこそです。そうでなければ、別のタイプの僧侶になっているかもしれないし、僧侶になってさえいなかったかもしれません。

流れるままに、アメリカへ

「一人前の僧侶になる」

そう決意すると今度は、どんな僧侶になりたいのかを考えるようになりました。私自身は、どんな僧侶を目指すべきなのか、と。

そう考えたときの一つのヒントとなったのが（つまり、今から考えれば、これも「流れ」だったわけですが）「アメリカ」というキーワードです。

私はなぜか子どものころから、アメリカという国を身近に感じていました。それを表すエピソードがあります。

まだずいぶん幼いころの話です。母と古川橋の交差点でタクシーを待っていたときのこと、突如として、「お母さん、アメリカはどうやっていけばいいの？　あの信号を右に曲がるの？　左に曲がるの？」と尋ねたそうです。その後、タクシーに乗り込んだ際には、運転手さんに「アメリカはどうやって行くの？」と聞いたそうなのです。

運転手さんが「それは難しいなあ」と困っていたことは、そのときの車内の様子や驚いたような母の顔とともに私の記憶に残っています。とはいえすっかり忘れていたこの話を、後年、渡米することを告げたときに、母親が思い出させてくれました。そして、こう言いました。「あなたはいつかアメリカに行くと思っていたわ」。

ただ、子ども時代にそんなことがあったにせよ、大学時代まではたっぷり時間があったというのに特に英語に熱心な学生でもなく、アメリカにも全く縁がないままに過ごしていました。正直に打ち明けると、学生時代はほとんど勉強した記憶がありません。なのに、厳しい修行をしている中でその想いが再燃したのですから、ほんとうに人生は不思議なものですし、面白いものです。

修行中の私には、日中は自由な時間はありません。そこで1日が終って、道場が一斉に消灯となる21時後から禅堂横にあるトイレにこもってTOEFLのテキストで勉強をすることにしました。なぜトイレで？　と思われるかもしれませんが、トイレが唯一明かりを得られる場所でした。それに、トイレはいつも自分たちが掃除で磨き上げている場所なので、すごくきれいです。小さな空間でしたので体育座りの姿勢で必死に勉強を続けましたが、そこが修行道場で唯一一人でいられる「個室」であり、時間でもありましたので、つらいと思ったことはありませんでした。とても幸せでした。

その「個室」で一冊の本も読み始めました。ルーマニア出身の宗教学者で小説家のミルチア・エリアーデ（１９０７－１９８６）の『聖と俗』です。その本にあまりにも夢中になり時間を忘れ、午前2時ごろ（起床午前3時）まで読んでいたこともありました。このようにして、アメリカで宗教学を学びたいという想いが募っていきました。

１９９９年10月、私はスペイン最北端にあるキリスト教の聖地サンティアゴ・デ・コンポステーラを徒歩で目指す約８００キロの巡礼に出ました。ご縁があった上智大学名誉教授（当時）の門脇《かどわき》佳吉《かきち》神父（１９２６－２０１７）からのお誘いを受けて参加したこの巡礼は、スペインのカトリック教会側から「キリスト教日本伝来四五〇年」を記念して提案されたもので、カトリックの巡礼路を禅僧が歩くことによって、東西霊性の共存を象徴しようとするものでした。私のアメリカへの旅はここから始まりました。

巡礼からの帰国後、「アメリカに行きたい」という想いを、まず門脇神父に伝えました。

「私は、生まれ育った環境と修行のおかげで仏教や禅をわかっているつもりだったけれど、巡礼を機にもっと自分自身で勉強を深めてみたいと思いました。一度、今いる**伝統、文化、世界から外に出て、第三者として『客観的』な目で日本の仏教や禅を見直してみたいのです。**そのためにも、アメリカに行きたいです」と。

門脇神父は「よく決心されましたね」と喜んでくださいました。

「アメリカで仏教を勉強したい！」

その想いを胸に、私はニューヨークのコーネル大学に向かうことになりました。

アメリカでの初仕事は、ベビーシッター!?

ニューヨークのコーネル大学に行くことが決まったときは、心の中で「やった！」とガッツポーズをしたものです。子どものころからアメリカに憧れていた私としては、やはりニューヨークは一度は訪れてみたい大都会。喜び勇んで旅立つ日を待っていました。

ある日、飛行機の搭乗券が送られてきました。封を開けるとなぜかチケットが2枚。1枚は日本からニューヨークへの直行便、そしてもう1枚。そのとき初めて「あれ？」と思ったのです。そこで、コーネル大学の所在地について調べて、気がつきました。コーネル大学のあるニューヨークは、あのマンハッタンのあるニューヨークシティではなく、ナイアガラに近い北方の結構な山の中に位置する、イサカという町でした。ニューヨークシティからイサカまで車で5時間、飛行機で1時間半ほどです。

もちろんそのことで、アメリカで仏教を勉強したいという私の燃えさかる情熱が冷めるわけはありません。ちょっとした笑い話です。やがて、出発日となり、飛行機を乗り継いでコーネル大学のあるイサカに到着しました。新生活の始まりです。

そして、ここで私は人生の師の一人となるロウ教授と出会うことになります。

コーネル大学でどんな先生が日本仏教を教えているのかなというシンプルな興味心から、教授陣のリストに日本宗教を専門とするロウ教授の名前を見つけました。ロウ教授にどうしても会いたいと思い、面会の希望を伝えるメールを送りました。

今でもそのときのことはよく覚えていますが、メールを送った後、瞬時にして「今、物理学棟の7階で『Religion and Human Rights』（宗教と人権）のカンファレンスをしているから、来てみたら？」と返事があり、とても驚きました。**もちろん、迷わずにすぐに会いに行きました。**

実は当時、私には悩んでいることがありました。コーネル大学での生活が始まったのは嬉しかったものの、授業料や生活費が日本に比べてかなり高額で、不安だったのです。

「どうしよう。このままだと、すぐに日本に帰るしかなくなってしまう」

そのことを打ち明けると、ロウ教授は、アジア研究学部の日本語学科に「日本からお坊さんが来ている。この人に日本語を教えさせることはできないか」と掛け合ってくれました。その結果、なんと、日本語の授業のティーチングアシスタントとして雇ってもらえることになったのです。

ロウ教授は、さらに、当時私が住んでいた寮の部屋を「ウサギ小屋みたいだ」と笑い、「あなたはお坊さんなんだから、もう少しちゃんとしたところに住みなさい」と言って、「うちに来て一緒に住めばいいわ」と住居まで提供してくれたのです！

「家賃の代わりに、私の三人の子どもたち（当時、下から3歳、5歳、7歳）のベビーシッターをお願い。それから、時間のあるときにご飯もつくってくれたら助かるわ」

そんなふうに、全く想像もしなかった大きな流れに乗って、私のアメリカ生活は過ぎていきました。まさか、日本でもやったことがなかった仕事につきながら、アメリカで小さい子どもの面倒を見ることになるとは！　料理は得意だし好きだけれど、まさかアメリカの家庭に料理を毎日つくるようになるとは！

ロウ教授のお宅での生活にも慣れたころ、どうしてほとんど素性も知れないような日本から来た若者に、こんなにも親切にしてくれたのか？　と聞いてみたことがあります。

そのとき、先生は

「メールの返事を送ったら、マサキがすぐに会いに来たから」

と即座に答えました。この言葉には文字そのまま以上のものが含まれています。

これまでも、たくさんの学生と同じようなメールのやりとりをしてきたけど、本当にすぐに会いに来たのはあなたが初めてだった、と。

それを聞いて、父の顔が浮かびました。

「まず、やってみろ」

かつて、迷っていた私にかけてくれた父の言葉が、ここでまた、大切な縁をつないでくれたのです。

まずは、一歩踏み出そう

それから20年、私は現在もアメリカ暮らしです。千葉県富津市にある佛母寺の住職を預かった2010年以降は日本とアメリカを行き来してはいますが、イサカ、バークレー、オークランド、ニューヨークと移り住んできたように、生活の基盤はアメリカにあります。

2010年6月に父が亡くなったときには、そろそろ日本に腰を落ち着けるべきではないかと、ずいぶん迷いました。でも、ありがたいことに親族や檀家のみなさんが励まして下さったのです。

「お経を読める人は他にもいるけど、アメリカで仏教を伝えるなんてことは、あなたにしかできない。だから、大丈夫。アメリカでがんばって」

「正樹さんはこちら（佛母寺）だけでは力が余ってしまいますし、これからのグローバルな時代はニューヨークまでも距離がなくなりますよね。なんでもまずはやってみることが大事ですから。お寺のことは心配しないで、大丈夫ですよ」

もちろん、そう思ってくださった檀家さんばかりではなかったはずです。いろいろ不満や文句も出ていたと思います。でも、私自身、まだまだアメリカで勉強を続けたかった。**自分自身で自分の人生を生きていたかった**。だから、やらないという選択ではなく、まずはやってみるという選択を選んだのです。

マーティン・ルーサー・キング・ジュニア（1929－1968）はこのように言われました。「疑わずに最初の一段を登りなさい。階段のすべて見えなくてもいい。とにかく最初の一歩を踏み出すのです」と。

「忍び難きを忍び」という有名な言葉を残された、三島の龍澤寺の山本玄峰《やまもとげんぽう》老師（1866－1961）は、「儂《わし》は本山《ほんざん》を首になったって、破門になったって、いっこう困らんぞ。坊主辞めれば、翌日から按摩《あんま》やって喰っていく。儂は非常に按摩が上手なんだ」と言われました。なんと力強い言葉なのでしょうか。

迷ったときは、やってみる。自分の「声・ガッツ」を信じる。

その行動の繰り返しで、20年が過ぎました。その結果として、今の私がいます。

今思い返しても、修行時代にトイレで英語を勉強したときの私の情熱はすごかったなあと思います。睡眠も削り、窮屈な姿勢で、慣れない英語に取り組んでいながら、そのとき私はとても幸せだったのです。私はこの経験から、失敗という存在を信じていません。その過程を楽しんでいれば、たとえ上手くいかなくともそれは失敗ではないと思うからです。

「アメリカに行きたい」

欲望に近いほどの情熱だけが、私を突き動かしていました。あれこそ、真の勉強だったと思います。学びというのは、自分自身が真剣にそれを求めたときに初めて身になるものだということを発見しました。自らの欲望に蓋をしないで、それを行動に結びつけていく。そうすれば、いつか新しい道が目の前に現れます。

迷っていないで、まずは、やってみる。

どちらの道でも構わないから、「自分の声・ガッツ」、心の中でささやく声に耳を傾けて、自分自身を信じて最初の一歩を踏み出してみてください。あとは突き進むだけです。大きな流れが、あなたを新しい世界へ運んでくれます。

第3章

不安いっぱいでも、大丈夫！

3

入社して1年、仕事に全くなじめません

私は東京の大学を卒業して地元の銀行に就職しました。でも、今とても後悔しています。なぜなら、銀行での仕事が全く楽しくないからです。大学時代は飲食店でアルバイトをしていて、自分に合っていたと思うのですが、土日をしっかり休みたいと思い銀行を選びました。

しかし、田舎の銀行の小さな支店の窓口に座って、**くる日もくる日も同じような仕事ばかりしていることに、喜びを感じられません。**ここ1か月くらい、時間があれば転職サイトばかりを見ています。ですが、就職して1年ちょっとで辞めたら、次の職場が決まりにくいという話も聞きます。これからどうしたらいいでしょうか。

（23歳・女性）

入社して1年とのことですから、まだ仕事のことも、組織のことも一部しかわかっていないころだと拝察します。果たして本当に向いてないのでしょうか。結果的には向いてないとしても、今そう断言するのは時期尚早なのではないかと私は思います。

いまの仕事の全てがつまらないことばかりではないと思うのですが、どうでしょうか。あまりいっぺんに大きなことを考えずに、まずは身の回りに小さな喜びを探してください。

例えばお客様や先輩から「ありがとう」と言われた。「訪ねてこられたお客様に笑顔で対応してもらえた」というようなことです。もちろんあなた自身が誰かに対してニッコリ笑いかけたり「ありがとう」と言ったりすることも、喜びになりますよね。そういう小さな喜び（＝joy）を大切にしてください。

いまあなたは、仕事を通して充実感を得たいと思っています。それは誰もが望む人生でとても大切なことですが、いったん視点を変え、自分以外の誰かを喜ばせようと考えてみてください。同僚や上司、顔見知りのお客様でもいいでしょう。職場ではとてもそんなことは望めないというのなら、一緒に暮らすご家族でもいい。自分のパートナーでもいい。相手が喜ぶために自分は何ができるかを考え、実行する。喜んでもらえたら、さらに喜んでもらえることを考えて実行する。それを繰り返していくうち、必ずあなたの中に喜びが生まれます。そのような中で、大事なことは「自分を幸せにしようと思うのならば、他者の幸せを願うこと」とわかってくるはずです。

アメリカのテレビ司会者で女優のオプラ・ウィンフリーは言います。「ありがとう日記をつけるといいわ。毎晩、あなたが感謝したことを5つ、リストアップするの。そうすれば、毎日に対する、そして人生に対する、あなたの見方が変わり始める」と。

そういう喜びや感謝を得られるようになったときに、もしもほんとうに銀行のお仕事があなたに合わないのならば、自然と次に進むべき道はひらけていくのではないかと思います。

人はみな、不安を抱えながら生きている

人が不安になるのは生きている証であり、不安は決して特別な誰かだけが課せられたマイナスのものではなく、**誰もがみな不安とともに生きています**。まずはそのことを知ってください。

あなたの目にはのんきそうにみえる友人も、いつも朗らかに笑っている母親も、テレビの中の人気者のタレントも大スターも、みんな何らかの「不安」を抱えています。

「混沌」という言葉があります。物事が入り混じって区別がつかなくなっている様子を表しています。不安に襲われて、それにとりつかれてしまっているとき、人の心は混沌としています。

わかりやすいイメージで例えるなら、泥水の入ったコップを想像してみてください。「その中に何が入っているのか」は、全くわかりません。上から見ても下から見ても、どんな角度から見ても、それはただの泥水としか目には映りません。不安という「泥」が全体を覆ってしまっているとき、心はそんな状態になっています。

そんなときに、焦ってコップを振ってみても、ますます濁るだけです。泥水から泥

だけをすくって捨てることもできません。かき混ぜると、ますます泥が全体に拡がります。

「いったいどうしたらいいんだ！」

不安におびえてパニックになればなるほど、「泥」は拡がる一方です。

でも、「今は泥水になってしまっている（＝不安が心に広がっている）」ことに気づき、その状態を認めて、静かにときを過ごしてみたらどうでしょう。

泥水は、やがて、泥がコップの底に溜まり、透明な水と分離します。泥水の中に入っていたいろいろなものも、姿を現してくれます。

どうでしょう？　見えてきたのは、不安だけですか？

きっと、誰の心の中も、不安だけでいっぱいということはないでしょう。不安も確かにある。このことは、目を背けずに認めましょう。だけどそれ以外にも、例えば「希望」、例えば「期待」もあるのではないでしょうか。

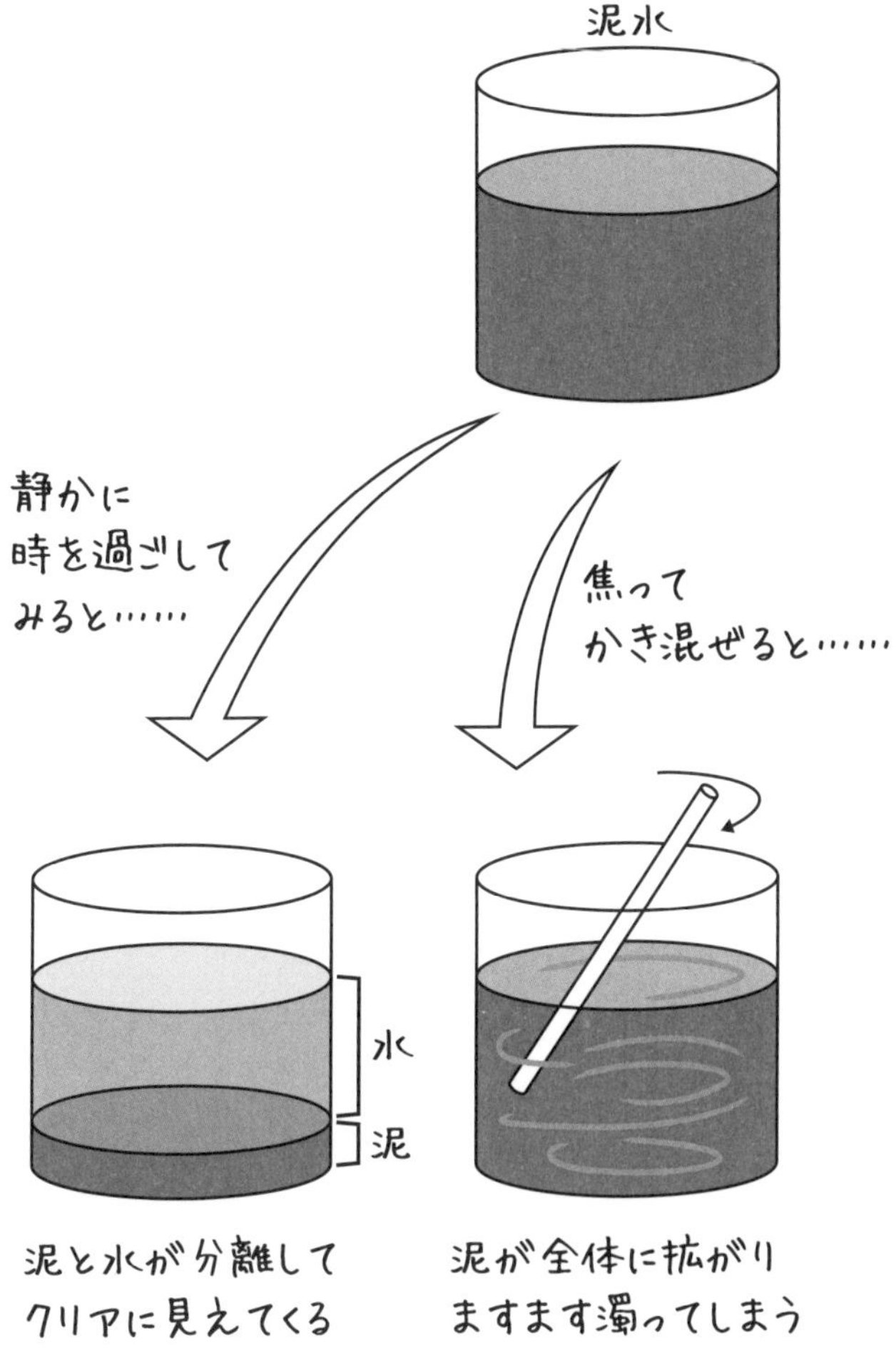
泥水
静かに
時を過ごして
みると……
焦って
かき混ぜると……
水
泥
泥と水が分離して
クリアに見えてくる
泥が全体に拡がり
ますます濁ってしまう

つまり、見方を変えれば、いままでの不安も必ず希望や期待に変わる側面を持っていることに気づくでしょう。

「希望していることがあるのに、それがかなわなかったらどうしよう」
「期待が裏切られたらどうしよう」

不安で心が暗雲でおおわれてしまったときには、じたばたせずにただじっと静かに「泥」が底に溜まるのを待ちましょう。それからようやく内心を見つめます。そこには不安だけではなく、希望や期待も（もちろん他のいろいろな感情も）あることに気づけるはずです。その希望や期待といった感情が、モチベーションを高め、新しい勇気をもたらし、再び強い気持ちにしてくれるのです。

不安と、どうつきあえばいいのか

人が生きていくということには様々な不安要素がつきまといます。

重い病気になったらどうしよう。
仕事がなくなったらどうしよう。
大事な人が死んでしまったらどうしよう。

そんな深刻な不安もあれば、

大好きな人に告白して、ふられちゃったらどうしよう。
営業先で、うまくしゃべれなかったらどうしよう。
明日の朝、ちゃんと起きられるかな……。

といった、それぞれの日常における不安もあれば、当人にとっては深刻だけど他人から見ればほほえましいくらいの、小さな不安もあります。

不安という感情を完全に自分の中から消すことは、絶対にできません。大きなものから小さなものまで、生きている限り次々に泡のように出てくるものなのです。どうにかして消そうと思えば思うほど、不安に自分を支配されてしまいます。

不安への対処の方法は、二つ。

一つ目は、ただじっと「消える」のを待つ。自分が「消す」のではありません。不安の方で勝手に消えてくれるのを待つという方法です。これは、時間はかかりますが誰にでもできる確実な手段です。不安は「泡」なので、いつかパチンと弾けて消えます。

出口のないトンネルはありません。始まったものには必ず終わりがある。どの瞬間にも、全てのものが変わり続けています。例外はありません。永遠に続くものは何一つありません。それは、不安という感情も同様です。

そんなに悠長に待っていられないよ、という場合のもう一つの方法は、不安をコントロールするということ。不安を消すことはできませんが、コントロールはできます。コントロールするためには、まず、なぜその不安を自分は抱いているのかという原因の追究が必要です。感情論ではなく、論理的に考えることが大切です。原因がわかると、気持ちが落ちついてくるものです。

私たちは、自分の目の前にある事象に対してすぐに「これは良い」「これは良くない」、あるいは「どちらとも言えないな」というような判断、評価をする癖がありま す。そして、それがもとになって「恐れ」「フラストレーション」「怒り」「悲しみ」などのような感情を抱きます。だけど、そこで立ち止まって考えてほしいのです。先ほど回答の中で述べた**「視点を変えてみる」**ということです。「どう見えたか」を元に感情が生まれているのですから、生まれた感情だけにフォーカスしても解決にはなりません。それよりも、その感情を引き起こした元となっている「見方」を見直す必要があるのです。

一つ、試しにやってみましょう。

昨今日本では、老後は年金とは別に自己資金2000万円が必要だという話が取りざたされて、老後の生活に不安を抱いている人がとても多いと聞きます。

・なぜ、不安に感じたのですか?

――老後までに2000万円の貯蓄するのはとても無理だから。

・2000万円というお金がないと、どうなるのですか?

――国の専門機関が「2000万円足りない」と言っている。つまりは、望んでいるような普通の暮らしができなくなってしまう。年を取れば医療費だってかかり、不安だ。

・望んでいるような普通の暮らしって、どういうものですか？

――決して贅沢がしたいわけではないが、今と同じ程度の生活水準を続けたい。

・年金をもらうころにはお子さんも独立されていて、生活水準も変わりませんか？

――……確かにそのころには家のローンも返し終わっているかもしれない。

・今後、日本では高齢者の雇用を促す傾向もあり、年を取っても現役世代と同じように収入を得られる社会に変わっていくかもしれません。

――……確かに日本は少子高齢化社会だから、20年先には60代、70代が働いているのが普通の社会になるかもしれない。

・そうすると、今すべきことはなんでしょうか？

――元気で働き続けられるよう健康な体づくりと、社会に長く必要とされるために仕事のスキルアップ、それと貯蓄と投資かな？

こんな風に細かく紐解いていくと、「あれ？」となりませんか。「これって、そもそも今不安に思っても仕方ないかも」と思ったり、「今すべきことはこっちだった」、「それはあまりたいした問題じゃない」と気づいたり。

さっきまでの不安に取りつかれていた自分が、まるで嘘のように感じてしまうくらい「つきものが落ちる」ように不安は姿を消してくれます（もちろん、他にも不安の泡は常にたくさんあるわけですが）。

自らが不安のコントロールに乗り出す方法、ただじっと時間の経過とともに不安が勝手に消えるのを待つ方法、両方を使い分けられれば、やみくもに不安を怖がることはなくなります。

つまるところ、人生は「今」、「今」の連続でしかありません。

それなのに私たちは何かと「過去」にとらわれて、また「未来」にもとらわれて、大切な「今」を苦しみ悩んでいる。過去や未来は誰にもコントロールできないのにもかかわらずコントロールしようとし、むしろコントロールできる今というものに対してコントロールすることを忘れているのです。一瞬、一瞬の「今」という現在こそ、私たちが唯一コントロールできるものなのです。そして、**この今をコントロールすることが、過去や未来をコントロールすることにつながります。**

私は祖父・泰道和尚から、「人生は今、今の連続。今の中に過去が入っていて、今の中から未来が導かれる。だから、今、今、今を大切にしなさい」と教えられました。この「今」という現在をよく見ていくと、「ときを止めることはできない。あらゆる存在と現象は刻々と変化していく」という「無常」の真理と、「あらゆるものとは全て一期一会」という二つの真理の中で生かされていることに気づかされるでしょう。

不安と一緒に生き抜く覚悟

不安への対処の仕方がわかって一安心ですが、それでも不安は日々心の中に現れます。一度落ち着いたと思っても、再び現れた途端、一気に全体を泥水に変えてしまうこともあるでしょう。多種多様な不安の原因もやはり多種多様であると思ってしまいますが、究極的に言えば全ての不安はたった一つの原因から起こっています。それは、「すぐには解決できないことを、すぐに解決したいと欲張る気持ち」、つまり「コントロールできない物・事をコントロールしようとする気持ち」です。

今の時点ではどうしようもないことを「なんとかならないのか」と悩むから、かえってどんどん不安になってしまう。誰かのせいにしてみたり、あるいは、手っ取り早く解決できそうなノウハウに飛びついてしまったりしがちです。そして、やっぱりうまくいかない。不安に、さらに焦りが加わって、もっと苦しくなる。どんどん負のスパイラルに巻き込まれていきます。

どうあがいても、なんともならないことがある。
うまくいかない状態が、当たり前なんだ。
それもまた、人生、と。それもまた、縁だと。

まずは与えられた人生を、このように素直に受け入れることが大切です。心配事は、当たり前。日々の生活の中には、不安があって当然。嬉しいことがあれば腹が立つこともある、悲しいこともあるけれど、楽しいこともある。喜怒哀楽は人生では当たり前のことです。

江戸時代中期の禅僧、白隠《はくいん》（1686－1769）は有名な「南無地獄大菩薩《なむじごくだいぼさつ》」という書を残しています。とても迫力のある言葉ですよね。地獄を拝むというその姿勢はいったいどこから来ているのでしょうか。

地獄に落ちたくはないと願う気持ちは誰もが持っているものでしょう。白隠も例外ではありません。子どものころの白隠さんは地獄に落ちる恐怖に震え上がり、地獄に落ちないようにと出家の道を選びました。その白隠の「南無地獄大菩薩」という書からはたとえみんなが恐れ嫌う地獄に落ちたとしても、そこで生き抜いてみせる、そういう気概が伝わってきます。

釈尊は「人生は苦である」と説かれました。白隠は「南無地獄大菩薩」と。地獄は何か別の次元にあるのではなく、むしろ人生がそのまま苦、地獄であるということです。釈尊と白隠の言葉を合わせると、「人生は地獄である」「日々が地獄である」とな

提供／執行草舟コレクション

るでしょう。とはいえ、「そんな地獄みたいな人生なら生きたくない」と早合点しないでくださいね。白隠が伝えたいのは、「人生はそのまま地獄であるが、それはまた浄土でもある」ということであろうと思います。

言い方を変えれば、**人生というコインの両側面が地獄と浄土であり、地獄と浄土は表裏一体ということです**。つらいことがあるのも人生であれば、幸せもまた同じ人生から導かれるのです。だから、白隠は『坐禅和讃《わさん》』という自分が作った経の最後で、「当所《とうしょ》即《すなわ》ち蓮華《れんげ》国《こく》」と教えたのです。

白隠の「南無地獄大菩薩」は、苦である人生の「今、今、今」を生き抜くために、地獄でも生き抜いていく気概を持つことが必要であると私は教えていると思うのです。苦しいから逃げるのではない。逃げるから苦しいのでしょう。「今」からは誰も避けることができない。ならば、その今、その地獄を生き抜く気概で生き切ることが大事です。その強い決意とポジティブな思いが地獄を浄土に変えていきます。

私たちの日常にたとえてみれば、仕事上でとても重要な取り引きが明日行われる予定になっている。うまくいくかどうか、心配で夜も眠れない。もしも失敗に終わったら、どんなに責められるだろうか。ああ、こわい。心配だ。どうしよう……。

そんなとき、自分の心が見ている方向を自分でぐいっと動かしてみる。「失敗したら……」じゃなくて、取り引きによってどんないいことが起こるかを考えてみる。素晴らしい人との出会いがあるかもしれない。取り引きがうまくいけば、今よりももっと活躍の場が与えられるかもしれない。ポジティブ思考になってみましょう。ネガティブの方向に流れてしまいがちな考えを、ポジティブ方向に転化するのです。

ひとつの状態を不安だと捉えるか、新しいチャレンジだと捉えるかで、気持ちも、その方向性も大きく変わります。状態そのものは変わっていないのに、どちら側から見るかという自らの心持ちによって風景がガラッと変わります。

大切なのは、ネガティブなことをポジティブなことに転化させること。

不安は、あなたの心がつくり出したものです。**あなたがつくり出したものだから、あなただけがその不安を「安心」に昇華できるのです。**不安があるのは、あなたが人生をまっとうに生きている証拠。「不安」の存在そのものを気に病む必要はありません。不安とともに生き抜く――そう覚悟を決めましょう。不安もまたポジティブに捉えていきましょう。

「今」に集中する

不安とともに生き抜く、というとなんだか難しそうに思えるかもしれません。ですが、どうせ不安からは逃れられないのですから、不安を道連れに歩み出しましょう。ここで大事なのは、不安にあなた自身を乗っ取られないようにすること。不安、イコールあなたのすべてではありません。

不安というのは、そもそも未来を見るところから始まっています。先がどうなるかわからないから、不安を覚えるわけです。進学や引っ越しなどでの環境の変化、職場での異動や転職、結婚や出産など人ひとりの人生には様々な変化のタイミングがあります。

これから、どうなるのだろう。

自分はどうするのがいちばんいいんだろう。

これから始まる未来について、そう考えない人はいません。

けれども、ここで大切なことは、未来をコントロールすることはできないということです。どんなに緻密な計画をたてたとしても、どんなに深く考えたとしても、それはできません。なぜなら、全ては流れの中にあるからです。世の中も流れていく。自分自身も流れの中にある。そんな中で、この先に起こることを完全にコントロールすることなど、できるはずはありません。その、決してできるはずのないことを何とかしようと思うところに不安が生まれて、居据わってしまうのです。

傍らに不安の存在を感じつつも、今できることは、「今に集中する」ことです。今をコントロールすることです。

この「今」という瞬間は、過去と未来を含んでいます。今このときは、次の瞬間には過去になり、さっきまで未来だと思っていた時間が「今」になります。

そして、「今」だけは、あなたの手元にあります。今をどう使うかは、あなたに決定権があるのです。未来を含んだ今このときにしっかりとフォーカスしてベストを尽くす。一所懸命に妥協せずに力を尽くす。これが、不安とともに生き抜くための最上の手段です。

Do your best! という言葉がありますよね。まさに、この言葉の通り、「今、ベストを尽くすこと」が重要です。ベストを尽くしたらあとは、流れに任せましょう。

ベストを尽くしてもうまくいかなかったら？

それもまた、そういう流れだったのだろうと思いましょう。むしろ、ベストを尽くした自分を褒めてあげてください。確かに、ベストを尽くしたからといって成功する約束はどこにもありません。しかし、努力なしの成功もないでしょうし、諦めなければ必ず道はあるでしょう。だから、そのときは、そう気づいたところで修正していけばいいのです。ベストを尽くさずにうまくいっていない場合は、どこを修正すればよいのかさえ見つけられません。やったからこそ、修正できるのです。

大切なのは、「今できることの中でベストを尽くす」こと。そして、修正し続けることです。失敗してもいい。再び起き上がって続けることが大事です。諦めない限りは、「失敗」はどこにもないのですから。

「こういう方法がベストだよ」という他人の言葉は参考にはできても、必ずしもそれが自分に当てはまるかどうかはわかりません。自分にとってのベストは、自分でやってみて見つけるしか方法はありません。とにかく「今」に集中しましょう。「今」の積み重ねが、未来も過去も変えていきます。グッドスローガン、〝Maximizing the moment〟、「最上の今」を積み重ねていきましょう。

第4章

つらくても、大丈夫！

悩み相談

4

親の介護が始まって、ため息ばかりです

夫とは20代で結婚、二人の息子はそれぞれ成人して家庭を持ち、一人はアメリカに、一人は東北に住んでいます。若いころから、夫は夫で趣味の仲間を持ち、私もご近所の方や友人たちに恵まれて過ごしてきたので、定年退職後はますます時間もできて、たのしみが増えるだろうと期待していました。

ところが、ここ数年の間に次々と両家の両親が病に倒れました。夫の父親はすでに亡くなり、残された義母（姑）は認知症が進み、一人暮らしはできないということでわが家に引き取って一緒に暮らしています。また、私の実家の両親も、父は病後が悪く一人では歩けないので世話をしている母への負担が大きくて、ただでさえ身体の弱い母の方が先に倒れてしまうのではないかと心配です。思い描いていた60代の日々との格差に、毎日ため息ばかりです。（62歳・女性）

私からの回答

介護は大変なことで、本当にご苦労さまです。

介護に関しては、私にはまだ直接の経験がございませんので、身近なところで見聞きしていることから考えたことをお伝えしたいと思います。

私の母は、現在75歳で、３年前から１０４歳の実母を引き取って面倒を看ています。母が嫁いだのは昭和44年、そのころは私の祖父・祖母だけでなく、さらに曾祖母も一緒に暮らす大家族で、母は嫁としてずっと立ち働いてきました。脳梗塞で3度も倒れた祖母の介護を10年以上続け、２００９年7月にそれまで約40年仕えた祖母、祖父と順に見送って、ようやく父と二人で過ごせるとホッとしたのも束の間、一年も経たずに父が脳幹出血により突然亡くなりました。

そして、独りになってしばらくの月日が経ち、実母を呼び寄せる機会に巡り会えたのです。

家族内ではありませんでしたが、周りではずいぶんと心配した声があったようです。私自身、ふだん近くにはいないので何の手伝いもできておらず、ただ母の身体を心配して、「お母さん大丈夫？」と聞いたのを覚えています。

ところが周囲の心配をよそに、母は、「この年になって、またお母さんと一緒に住めるなんて思っていなかったわ」と。母が尊敬するある知人から、「お母様を観音様だと思いなさい」と教わった言葉が心の支えになって、しかも「本当にそうだと思う」と言っていました。

ただ、介護の現場は想像以上に厳しいものということは明らかに事実・実際だと思います。母自身は全く何も言いませんが、私が勝手に推測するところはいちばんの原因は睡眠不足ではないでしょうか。

寝不足の原因は、夜中にもお世話があったり、常に気に掛けていて深くは眠れないのでしょう。伝え聞く介護がらみの話では、「何度も起こされるなんて、たまったものじゃない」と怒るか、あるいは無視するか、などという声を聞きます。介護のつらさは介護している人しかわからないので、そうなってしまっても、第三者がそれを責めることはできないと私は個人的には思います。

現在、介護されている方々はお風呂に入れたり、食事をつくったり、食べさせたり、今夜も起こされて、眠れないまま朝を迎えるのかもしれません。せっかく替えたばかりの下着やシーツをすぐに汚されて、ため息をつく間もないほど大変だと思います。

しかし、母に「大丈夫?」と聞くと、いつも母は、「母がそばにいてくれるからありがたいし、それに安心なのよ」と言います。母のことを思えば、介護という「困難」の中に、その人(介護される人)の生きて来た人生を思って、その人の「今こそ」を大事にしてあげたいという気持ちでいると思うのです。その人との良き思い出などを思い出しながら、介護という困難を感謝へ、慈悲へと「転化」しているのではないでしょうか。母に関して言えば、私の勝手な解釈ですが、その「転化」の中に自分の生きがいや幸せを見つけているようにも、見受けられます。

2008年に公開されたブラッド・ピット主演の映画『ベンジャミン・バトン 数奇な人生』をご存じでしょうか。ハリケーンが接近中のニューオリンズの病院で、老女デイジーが娘キャロラインに自分の日記帳を読み聞かせるところから話は始まります。そこには、80歳の状態で生まれ、年を経るごとに若返って行くベンジャミン・バトンという男の人生が書かれていました。最後は赤ん坊となったベンジャミンが老婆となったデイジーの腕の中で永遠の眠りにつきます。

人間は赤ん坊から老人となっていくわけですが、見方を変えれば、人間は赤ちゃんから赤ちゃんに戻るのではないでしょうか。赤ん坊を大事にするのと同じように老人も大事にしたい。それが自分を生んでくれた母であればなおさらです。**両親があって今の自分がある。自分たちも行く道です。**

介護未経験ゆえに、抽象的な話になってしまいましたが少しでもご参考になれば幸いです。

苦しみの原因は「執着」

世の中には、「つらさ」の元となることがたくさんあります。仕事をめぐるもの、家庭に関すること、学校での悩み、人間関係の中で起こる様々な心悩む出来事。貧困や病気、あるいは毎年のように日本を襲う災害による被害。今この瞬間も「つらいなあ」と思いながら生きている人がいる。そのことを、一瞬たりとも忘れずにいたいと思います。つらさに苦しむ人たちに寄り添うために仏教はあります。

つらい気持ちを、一緒に抱えたい。つらさのただ中にいる人には、「よくがんばっていますね」とまずは伝えたい。

生きていくこと自体が、本当につらいことだと思います。それは、どうしようもない真実です。釈尊も「人生は苦である」と説いています。

ただ、つらさに人生を乗っ取られてしまいたくはない。**つらいことがあっても、やはり人生の中に喜びを見つけていきたい。**私は本書で、そのお手伝いをしたいと思います。

「つらさ」の原因の一つは執着です。

失くしてしまったものに対する執着。あるはずだったと思う未来への執着。今あるものを失いたくないという執着。こうなってほしいという執着などなど。それらが苦しみを生み出します。

例えば、「死にたくない」という、生への執着があります。誰だって死ぬのは怖い。誰だって死にたくはない。この気持ちは十分に理解できます。

ですが、実は「死」というのは独立した「点」ではなく、「生」というラインの延長線上にあるものです。つまり、生と死は同じライン上にある。生まれたら、やがて死ぬ。それは、一連の流れであって、どちらかだけを取り出すということはできません。生があって、死がある。この流れを、別々に切り離すことはできません。

人は誰も、誕生日ごとに死に近づいている。実際は毎日毎日、1秒1秒、死に近づいている。人生というラインの線上に、いつの日か「死」のポイントが現れる。「死」も、あなたの未来です。そう考えると、死は逃げたり避けたりするものではなく、積極的に向き合うものだということに気づくでしょう。前途でも申し上げましたが、未来はコントロールできない。私たちはコントロールできないものをしようとするから、それがそのまま「苦」になる。私たちがコントロールできる「今」をしっかりすることによって初めて、未来をコントロールできるようになるのです。

そう気づいたとき、今生きていることへの奇跡や喜び、感謝の方に目を向けることによって、これまでやみくもに取りつかれていた「死にたくない」という生への執着から離れることができます。

今のどんな「つらさ」も、つらさだけが独立して存在しているのではないはずです。必ずその「つらさ」の中にもプラスになる側面を持っています。その裏には何かしらのプラスがある。オセロの駒をひっくり返すように、表裏一体の「つらさ」と「喜び」をくるりとひっくり返すことを「転化」と呼びます。ネガティブな視点のレンズを捨てて、ポジティブなレンズに代えるのです。

禅と死生観について

祖父・泰道和尚は102歳で遷化《せんげ》するまで布教一本を貫き、「生涯現役、臨終《りんじゅう》定年」をモットーに一生心血を注ぎ、全国を駆け巡っておりました。祖父の遺詩に、「私が死ぬ今日の日は　私が彼土《ひど》でする説法の第一日です」とあります。「彼土」というのは、あの世のこと。「私が死ぬその日は、あの世での私の説法の初日だ」ということです。実は、私が祖父から聞いた直接の遺言はこれと二文字異なっています。それは、「私が死ぬ今日の日は　私が地獄でする説法の第一日です」というものでした。

当時の私は、祖父の遺詩をその言葉の意味の通りに受け取っていました。「なぜ地獄なのだろう?」と不思議に思っていました。

しかし、死後から10年経った今、私はこのように考えています。「生涯現役、臨終定年」は、今、即今、この場所、この日、この瞬間を大事に、感謝して生きることが大切なのである、ということ。

「私が死ぬ今日の日は　私が彼土でする説法の第一日です」・「私が死ぬ今日の日は私が地獄でする説法の第一日です」とは、死というものを、あくまでも通過点として考えるということなのだと。

通過点だから止まってはいけない。科学的には死というのは人間の最後であって、その先には何もないとされます。しかし、仏教的には死はゴールではなく通過点であると考えることも可能でしょう。**死というものも、無常の原理においては「常ならず」と考えることが可能だからです。**

「臨終定年」という言葉、「あの世」や「地獄」へ旅立っても、なお説法をし続けるという祖父の言葉に隠された深い想いを、別れから10年が経った今、改めて感じています。

私たちは皆、命や人生というものを一本の「線」として考え、最初から引かれた線のようなものがあるように感じています。けれども、この線は「一瞬」という点の集合体です。命は一瞬一瞬、時を刻んで先に進む。私たちはこの「一瞬」という「点」を生きて、生き続けて、「一瞬」が続いて「線」になっているのです。**一瞬の連続が**

人生、命なのだということです。だからこそ、「今」「即今」を大事にしていくのです。私たちがよく口にする「一期一会」という言葉はまさに、それを表しています。

もう一つ、法華経《ほっけきょう》が説く教えをご紹介しましょう。「諸法実相《しょほうじっそう》」という言葉があります。「諸法」は一切全ての事象のことです。「実相」は真実の相《すがた》を表しています。つまり、諸法実相という言葉が教えているのは「森羅万象は全て真理の表象」ということです。ただ、それだけのこと。松食い虫に喰われれば、その松はいずれ枯れてしまう。雨が降れば地が湿る。ただ、それだけのこと。お腹が空けば何か食べたくなり、水分をたくさん取ればトイレに行きたくなる。ただ、それだけのこと……。そして、私たちが毎年歳を取っていくのも、ただそれだけのことなのです。

「縁」というなにか大きな流れがあり、私たちはその中で生きている。この「縁」をどこまでも大事にすること、それはつまり、この「縁」を見つめる目を通したとき、命と人生がどのように映るのか、また、人間関係がどのように見えてくるのか、さらには、現実の私たちのすがたがどう映るのか。それらを見つめることの中に今後の生き方を変え得る貴重な秘訣があるのではないかと思います。これがまさに「縁にしたがう」ということです。

死や別れは一つの終焉《しゅうえん》です。なのに、私たちは「また生まれ変わったら一緒になろうね」と願います。「すぐにいくから待っててね」と送り、旅立つ方は「いつでもそばにいるよ」「ずっと見守っているよ」と言葉を残します。そして、「またどこかで会おうね」と双方が願い、その実現を信じています。

私の師父・哲明和尚は、２００９年7月の両親の死に直面して、こう書き残しています。

「人の死は一生に一回である。その死の一幕を、二人は同じ月に共に切って落とした。生は死と共にあった。死を伴って生きることは、同時に死ぬことである。去って行った二人は、だけど蘇り、織り姫・彦星として私たちを見つめている」

（『かわかない心―母の教え、禅的生き方　松原哲明遺稿集』〈佼成出版社〉より）

私もまたそう信じています。

「生かされた」という受動態

修行道場で修行中の24歳のとき、髄膜炎で倒れて意識を失ったことがあります。

修行道場では、起床時間は朝の3時です。当時私は、みんなを起こす役割を担っていたので、通常10分前に起きていましたが、その朝は猛烈な吐き気と後頭部が脈打つ頭痛に襲われつつ2時ごろから起き出していました。熱を測ったら38度を超える高熱。とにかく熱を下げようと何度も解熱剤を飲みましたが、下がるどころかぐんぐん上がる一方です。「これは絶対におかしい」とは思いながらも、3時には起床時間を迎え、流れるようにして通常の拭き掃除を務め、食事の時間もなんとか堪えて坐禅の時間になりました。

今でも、坐って足を組み始めて姿勢を整え、正面を向いたときの情景だけが記憶に残っています。隣にはやはり修行中であった兄が座っていました。このあたりから、私の記憶はなくなってしまっています。兄の話によると、途中から私の身体が前後に揺れ始めたと思ったら、突然バタンと前のめりに倒れてしまったのだそうです。

目を覚ましたとき、そこは白い壁にかこまれた病室でした。自分がなぜここにいるのか？　どうやってここまで運ばれたのか？　など全く記憶にありませんでしたが、そのとき、私はなぜかこう感じたのです。

「生かされた」

ああ、自分は生きている！　という能動体ではなく、「生かされた」という受動態で感じたのはこのときが初めてでした。

その後、私は3ヶ月の入院期間、さらに3ヶ月の自宅療養期間を経て、修行道場に戻ったのは半年後でした。夏の終わりの夕暮れどき、坐禅堂で止静中（坐禅中）に鳴り響いていたヒグラシの割れるような大きな鳴き声。それが大合唱となって「おかえり」と言ってくれているように聞こえたときに、私の胸に湧き上がったときめくような喜びは、今も忘れません。療養中の6ヶ月間、不安や恐怖を感じたこともありました。でも、ヒグラシの温かい鳴き声に包まれたとき、「帰って来られてよかった」と素直に思えたのです。

この瞬間に、髄膜炎という病気のつらい記憶を「生かされている」幸せへと転化できたのです。「生かされている」。髄膜炎にかからなければ決して気づけなかった、まさに命の危機を乗り越えての気づきでした。

「Optimism！」

私の好きなYouTubeの映像（もともとはテレビコマーシャルですが）に、「values optimism」というタイトルのものがあります。

簡単にストーリーを説明します。

まず、野球帽をかぶって手にバットとボールを持った小学校低学年くらいの少年が公園にやってきます。

ひとりで、ボールを打つ練習を何球か続けます。打つ前には、こう叫びます。

「僕は、世界一の強打者だ！」

だけど、空振りばかり。ついに3球目、渾身の一打、といわんばかりの気合を入れて降ったバットも空を切ります。

一瞬うつむきかけた少年は、少し沈黙のあと、すぐに笑顔で顔を上げて、こう叫びます。

「そうか！　僕は、世界一のピッチャーだ！」

このタイミングで、「Optimism」という文字が画面に重なります。

思わず笑ってしまうでしょう。私も、見るたびに笑ってしまいます。この短い映像はOptimism（オプティミズム／楽観主義）とはどういう思考のことかをよく表していると思います。

ある一つの事実は、それ自体は紛れもない現実ではあるけれど、決して全てではない。例えば何かに失敗して「もうダメだ……」と思ってしまうとき、まるで自分の全てがダメであるかのように感じてしまう人がいます。誰かから「あなたなんて嫌い」と言われて、「この世の終わり」のような錯覚に襲われる人もいます。たった一つの失敗や敗北を決定的な失敗や敗北と勘違いしてはなりません。

冷静に考えれば、当たり前のことですが、一つの取り引きに失敗したとしても、その他にもたくさんの取り引きが過去にもあったはずだし、これからだってあるはずです。算数では0点を取ってしまったけど、国語では70点、体育は100点満点だ！　なんてことは、実際によくあることです。

人間関係だって同じです。大好きな人に失恋したからといって、もう二度と恋ができないわけではありません。たまたまその相手には好きになってもらえなかった。ただ、それだけのことです。

野球帽をかぶった少年なら、きっとこう言ってくれますよ。

「そうか、運命の人は別の人だったんだ！」

仕事で失敗して、それで責められたとしても、その失敗した自分があなたの全てではありません。その他で良い側面を、自負する側面を持っているあなたが必ずいるのです。スポーツするあなた、料理の得意なあなた、ピアノの得意なあなた、お花の好きなあなた、旅行の好きなあなたなど、いろいろなあなたがいるのです。それを忘れないでください。大事ですので繰り返します。たった一つの失敗や敗北を決定的な失敗や敗北と勘違いしてしてはならないのです。

Optimism（楽観主義）というのは、転化の究極の形といえるかもしれません。どんなマイナスの一面も、ひっくり返してプラスに変えてしまう。マイナスからプラスへの転化は、特別な人でなくとも誰にでも必ずできることなのです。

第5章

さびしくても、大丈夫！

5

さびしさのあまり、生きていくのが嫌になります

地方公務員として働き、第二の職場を終えたのが5年前です。これから妻と余生を過ごすんだろうなと思っていましたが、その矢先に妻が病に倒れ、2年間の闘病生活を経て旅立ちました。以来、田舎の家で一人で暮らしています。

妻に先立たれて3年、**いま後悔やさびしさが堰《せき》を切ったように溢れてきます。**自分がもっと早く引退していたら病気を早く見つけられたんじゃないか。もっと違う病院や医師に連れて行っていたら、延命できたかもしれないと。

現役時代は家のことは全て妻に任せていたので、家事は苦手です。毎日することもなく、たった一人で自分のつくった大して美味しくもない夕食を食べていると、ふとどうしようもない侘《わび》しさに襲われることがあります。娘二人は他県へ嫁ぎ、年に一度は孫の顔を見せに帰省してくれますが、妻が生きていたときのように頻繁に電話をよこすこともなくなりました。最近は子どもの受験が近いからと、帰省しないこともあ

ります。
地域のことも妻が全部対応していたので、ご近所付き合いはほとんどありません。時折、自分が倒れても誰も気づかないだろうな、いや、そもそも自分がいなくても誰も困らない、自分はこの先老いて死んでいくだけなのだから、早く死んでしまった方がいいのではないかと思って、死にたくなることがあります。生きていく理由が見つかりません。（70歳・男性）

私からの回答

まずここで一番大事なことは、「自殺したいという気持ちは通過点。通過点だから、そこで止まってはいけない」ということです。

ブッダの最後の教えは「無常」でした。永遠に続くものは何もない。人間の感情や思考も例外ではありません。自殺を思う感情も一時的なもので、必ず変化します。感情はソーダの泡と一緒。一時的なものです。まずは待つこと、思いとどまることが大事です。**明けない夜はありません。出口のないトンネルは存在しません。**

「天上天下唯我独尊《てんじょうてんげゆいがどくそん》」という釈尊の言葉があります。この世に生まれて来た「私」という存在は、過去にも未来にも、この広い世界にもただ一人だけという存在であるということです。もちろん、あなたもその一人です。

あなたは「自分がいなくても誰も困らない」と感じているとのことですが、絶対にそんなことはありません。あなたに代われる人間は、他に誰一人存在しません。あなたの人生を代わりに生きてくれる人はいません。あなたという存在は、独自の存在であり、かけがえのない、代わりのきかない存在です。あなたはあなただけなのです。

誰もがそれぞれの「使命」をもってこの世に存在しています。「使命」とは、「命を使う」と書きますね。つまり、その人の役割はその人自身の命を使うことでしか果たせない、その人にしか出来ないものなのです。他の人には歩めない、自分だけしか歩めない道なのです。

一方で、私たちは一人では決して生きていくことができません。

生きているということは、常に誰かに支えられ、手助けされ、生かされています。独立して生存しているわけではなく、いつも誰かと何らかのかかわりを持って、ここにいるのです。

あなたはお一人だと感じているかもしれませんが、今日の夕食のお米もお野菜も農家の方がつくってくれたものです。ガスや電気や水道も、その仕事に従事している人たちのおかげで、私たちは毎日不自由なく使えています。人間が一日生きるためには、実に数えきれない人たちとのつながりに支えられているのです。決してたった一人で生きているわけではないのです。

私たちは自ら生きているというよりも、様々な関係によって「生かされている」といっていいでしょう。


どうか深呼吸して、窓を開けて空を眺めてください。

今現在、この瞬間、瞬間に息をしていることこそが奇跡です。生かされている、ただそれだけで十分に幸運なことです。ただただ感謝しかありません。いつ途絶えるか予想がつかない、与えられた一瞬一瞬があなたへのギフトです。次の瞬間どうなっているかはわかりません。楽しいこともあれば、つらいこともあるでしょう。さびしいこともある。それが人生です。

この言葉をあなたに贈りたいと思います。

〝「昨日」という日はヒストリー、「明日」という日はミステリー、そして「今日」という日はギフト〟

なぜなら「いま、現在」のことを英語では〝プレゼント（present）〟と呼ぶからです。**今日のいまこの一瞬一瞬が、すでにあなたに与えられたギフトであることを忘れないでください。**

どんな小さな感謝でもいいから見つけていきましょう。それができるようになったら、次は、何事に対しても感謝をしていきましょう。今この瞬間、呼吸ができて生かされていることに感謝。私たちの生活を支えてくれる全てのもの、世界にかかわるもの全てに感謝。自分を生んでくれた両親、先祖に感謝。安全であること、健康であることに感謝。全ての縁に感謝してみましょう。そのように感謝することがこころの習慣となると、幸せが感謝の気持ちを生むのではなく、感謝の気持ちが幸せな気持ちを生むことが実感できるようになるでしょう。

体重が12キロ落ちるほどの孤独

私自身も、圧倒的な孤独を感じた経験があります。修行を終えて、アメリカに渡ったときのことです。

子どものころから憧れていたアメリカではありますが、単身で渡ってみるとやはりそこは当然ながら異国です。文化が違う、食べ物が違う、街の佇《たたず》まいも、そこを歩く人たちも日本とは全く違います。何よりも、言葉が全く通じません。当時の私は、自分の名前を名乗るくらいの英語力しかありませんでした。

学生時代にアメフトで鍛えた身体が、どんどん痩せていきます。精神的に参ってしまってほとんど食べられなくなってしまい、半年で12キロも体重が落ちました。夜もよく眠れません。

まともな食事は、一日に一回、近所の食料品店で買うトロピカーナのオレンジジュースとハムサンドのみ。ツナサンドやエッグサンドになるときもありましたが、基本的にサンドウィッチとジュース。英語の会話がうまくできないので、決まった店で決まったもの買って食べていました。他の店をのぞいてみようなんて気持ちには到底なれず、オレンジジュースとサンドを買った後はまっすぐ自分の部屋へ帰り、一人で食べていました。このような生活をしていたので、もちろん友達はできず、一日中、誰とも会話をしないまま夜を迎えることもありました。話し相手は日本の家族だけでした。笑うことを忘れてしまいそうなほど、無表情で過ごす毎日。そんな生活が3ヶ月ほど続いたでしょうか。当時住んでいたイサカは夏が短く、冬が長い。マイナス25度ほどになる日も少なくなく、4月になっても雪が降ることもあったり、冬特有のどんよりとした今にも落ちて来そうなグレーの雲が気持ちを鬱々とさせるのです。

大家族で育った私にとっては、フィジカル的にも、メンタル的にもはじめての正真正銘の孤独でした。旅行とは違って、その土地に入って生き抜くというのは本当に大変なことだと痛感しました。当時の話ですが、天候のせいもあってコーネル大学は全米の中で学生の自殺率が非常に高く、後に行った天候の良いカリフォルニアにあるスタンフォードやUCバークレーと比べると、段違いの数字でした。

あるとき、どうしても人の声が聞きたくなって、学校の図書館に出かけていきました。知り合いは誰もいないし、そこで交わされている言葉は、やっぱりさっぱりわからない英語なのですが、それでもなんだかとてもホッとできたのです。勉強をしている人がいる。本を読んでいる人がいる。近くの席に座ったカップルが、時々顔を見合わせてひそひそ話をしている。司書が学生の質問に答えている声がする。そういう人たちの存在そのものが私を温めてくれました。そのときから、私は部屋に閉じこもるのをやめました。外に出て人と交わり、少しずつ友達を増やし、アメリカでの生活になじんでいくことができたのです。

これまでずっと部屋の中で一人で佇み、さびしさのあまりに図書館に入った当時の私は、いったい何を求めていたのでしょう？

——それは、つながりでした。誰も自分のことを知らないけれど、また、自分も誰も知る人がいなかったけれど、それでも、同じ時間、同じ場所にいる人間同士としてのつながり。一緒のときを生きているという、そんな遠いつながりであっても私にはとても温かく、嬉しかったのです。この経験が、後述する孤独とつながりの関係性に気づくきっかけになりました。孤独の感情は私たち人間がつながりを必要としているということを自然と教えてくれているサインなのです。

一人ぼっち＝孤独ではない

「孤独」という日本語に対応する英語には代表的なもので2つあります。それは、「lonely」と「alone」です。英和辞書で引いてみると、

lonely　連れのない、孤独の、ひとりぼっちの
alone　ひとりで、孤独で、孤立して

という意味が出てきます。どちらもイメージ的には「周りに誰もいない／一人きり」という感じです。

ですが、ほんとうに「周りに誰もいない／一人きり」状態は孤独でさびしいものなのでしょうか。私には、そうは思えません。孤独というのは、物理的な状況で定義できるものではないからです。

例えば、パーティ会場でたくさんの人に囲まれていても、ふと「孤独」を感じることはありませんか？　周りはみんな楽しそうでも、そこに知っている人がいなくて、

話す相手もいなければ、どんなにたくさんの人がいたとしてもさびしさを感じてしまう。私にはそんな経験がよくあります。

一方、山奥の洞穴にこもって修行している人がいたとします。周りから見たら「孤独」以外の何物でもありません。一人ぼっちでさびしくないのだろうかと、つい心配してしまいます。しかし、その本人は、もしかしたらちっとも孤独なんて感じていないかもしれません。やるべき使命があって、いつも誰かや何かの存在を身近に感じていれば、即ち何かとのつながりを持っていれば、孤独を感じることはないでしょう。

この例ほど極端でなくても、一人暮らしのご老人がみんな孤独でさびしいわけではないと思います。花を育てて喜びを感じたり、毎日絵を描くのを楽しみにしていたり編み物をしたりと、本人は全くさびしさを感じていない場合だってあると思います。

また、あるときは、一人ぼっちになるのは嫌だけど、そっとしておいてほしいときが誰にでもあると思います。そのようなときに、孤独感はないでしょう。

孤独とは、あらゆる物・事・人に対して「つながり」が感じられない心の状態のことです。人間が社会的動物である以上、連携とつながりは生存には不可欠です。それらがなくなったとき、人は孤独感を抱きます。孤独の感情は、我々人間がつながりを必要としていることを教えてくれています。

つながりの先にあるのは、人である必要はありません。相手は自然でもいいし、本でもいい。自分が大切にしている何かとつながっていることで、人は孤独から距離を置くことができます。究極は、自分から心をひらいて、希望や想像を膨らますことが良いでしょう。これらは新しい勇気をもたらし、強い気持ちにしてくれるからです。環境は、実は孤独とはあまり関係ありません。**自分の心が何とつながっているのかが大切なのです。**

リアルな肌触りのある「つながり」

昨今の日本では、ここ何年かの間にいわゆる「おひとりさま」が増えたといいます。一人鍋専門店、一人カラオケなどの出現に驚いたのは、もうすっかり過去の話。今では当たり前のように「一人」が行動単位として幅を利かせています。

この「おひとりさま」状態を孤独でさびしいと考える人もいれば、一人だからこそ○○ができる！　と可能性を見つけて楽しめる人もいるでしょう。一人の方が楽、と思うときもあるでしょう。

このようなことを考えても、孤独とかさびしさなどというものは物理的な人数や賑やかさの問題ではないことがよくわかります。

面白いことに、この孤独感やさびしさは自分自身がつくっているという場合があります。例えば、「自分がスペシャルである」という認識が強くなってくると、他者との距離が大きくなってきます。その距離が「孤独感」という感情形態の基盤をつくることがあります。

元号が令和に変わって間もなくのころ、神奈川県川崎市の路上で小学生を中心に、20人に及ぶ死傷者を出した事件が発生しました。その場で自殺した犯人は51歳の男性で、長らくひきこもりを続けていたことがニュースで報じられていました。

暮らしていた部屋にはスマートフォンやパソコンなどの電子通信機器は無く、インターネット接続の環境にもなかったことから外部との接触がなかったと推定されています。また、警察などの調べからも交友関係が見当たらず、医療機関を受診した記録もなかったということです。犯人は死んでしまったので、そのような事件を引き起こした動機を解明することはできませんが、外部とのつながりが一切見つからないというところに、この犯人の抱えていた孤独の大きさを思います。

もちろん、いかなる理由があろうとも殺人や殺傷という罪を認めることはできません。

ただ、社会から隔離されてしまっている孤独やさびしさに押しつぶされそうになっている人が、世の中にはたくさん存在しているということは事実です。その孤独やさびしさが、ときにあまりの抑圧から恐怖や怒りに変わって、他者に対して攻撃的になる人たちがいる。そういう人たちに対して、私たちができることは何だろう、そういう状況に私たち自身が陥らないようにするには何が必要なんだろう。関係する多方面の専門家の方々とともにどのようにサポートしていくことができるのかを考えていくことが必要でしょう。

そのサポートの中でやはり、大事な要素の一つは社会との「つながり」だと思います。先にも述べましたが、私たち人間は社会的動物です。社会的動物にはつながりと連携が生存には不可欠です。

自分の居場所があること。自分と社会とのつながりを認識できるコミュニティがあること。そして誰かが、いつも自分を気にして見つめていてくれていると信じられること。反対に、気になる大切な誰かの存在があること。そしてそのつながりにリアルな肌触りがあること。——こういった温情、人情、温かい心情がとても重要です。人は孤独を感じたり、社会的に疎外されたとき、暖かい何かを探すのです。

バーチャルな世界でのつながりでは、孤独は満たされない。リアルな現実とのつながりこそが孤独から人を救ってくれるのです。

「風」が教えてくれたこと

昭和を代表する臨済宗の僧侶、前妙心寺派管長山田無文老大師は、私が住職を務める佛母寺の開山であり、１９８８年に88歳で亡くなられるまでに、数々の含蓄のある素晴らしい言葉を残されました。

その中の一つに、次のようなものがあります。

〝大いなるものにいだかれあることを　今朝吹く風の涼しさに知る〟

この歌は、無文老師がまだ若かったころに結核を患い、結核は感染症ですから、離れに隔離されて、誰とも会うことができずに療養していたころに詠まれたものです。無文老師は死に至るかもしれない病に倒れた不運を嘆き、ひとりぼっちで「ああ、私はもう死んでいくんだなあ」と、孤独を感じながら日々を過ごされていました。世の中からも見捨てられ、みなが自分が死ぬのを待っているのだろうなと考えるほど、全くの孤独だったそうです。

ある初夏の朝、縁側に立っていると、一陣の涼しい風をフーッと身体に感じたのです。そのときにふと、「風ってなんだったただろうかな。空気が動いて風になるんだなあ。空気というものがあったなあ」と。「私はいままで結核になっていて、ひとりぼっちだと思ったけれど、こうやって私の周りには、いつもいてくれる空気があったじゃないか」「この風はいつも私を裏切らないで、いつも一緒にいてくれたじゃないか」と。「自分は孤独ではなかった」ことに気づいたのです。

私たちは常に「大いなるもの」に抱かれている、つまりは、大自然の恵みを受けています。〝大いなるもの〟を感じることができれば、人は誰しも孤独なんかじゃない。この瞬間に、無文老師の孤独感は跡形もなく消えたのです。

死もまた「無常」である

「別れ」は、いつも、苦しいものです。

「愛別離苦《あいべつりく》」という言葉は、仏教でいう八苦《はっく》（八つの苦しみ）の一つで、愛する人と生き別れたり、死に別れたりする苦痛や悲しみを表しています。

釈尊が最期を迎えるときのエピソードをご存じでしょうか。

入滅のときの話ですが、熱心な鍛冶《かじ》屋のチュンダがつくった食事にあたったのが原因と言われています。

チュンダを責める弟子たちを、死を悟った釈尊は諫《いさ》めました。

「みんな、チュンダを責めるべきではない。私はなるようにしてこうなったんだ。

チュンダの食事を食べなくても、いずれは何かの縁で死んだはずだ」と。また、「生ある存在は必ず亡くなる。その尊い縁をチュンダが与えてくれたのだ。チュンダのせいではない。**ただ縁によって私は死ぬだけである**」と。

そして、最後はチュンダのほうを向いて、

「チュンダよ。心を労《いたわ》るべきではない。このように死んでいく縁をくれてありがとう」

という言葉を残して亡くなります。

人は必ず、いつかは死んでいく。自分の場合、たまたまそのきっかけとなったのが、チュンダの料理だったに過ぎない。ならば、そういう導きをくれたチュンダには感謝しかない……ということです。

生があれば、死がある。

出会いがあれば、別れがある。

これは絶対に変えられません。変えられないものに対して執着する心が苦しみを生み出します。生も死も、老いも、当たり前の自然現象です。世の中の全ては常ならず、つまり、無常です。変わらないものは何ひとつありません。

父が2010年6月6日午前6時半ごろ、佛母寺の書斎にて脳幹出血で突然倒れたとき、私はニューヨークにいました。

元気なころから、父はいつも私に「俺が死ぬからって、帰ってこなくていいよ」と言っていました。この世の「無常」を知る偉大な人でした。

最近、私がよく考えるのは、「死」さえも無常なのではないかということです。

全てが流れの中にあって、全てが常に無常なのであれば、**死もまた無常なのだろうと思います。死から次の縁へと、きっと結ばれていくのだろうと。**芸術家のアンディ・ウォーホル（1928-1987）は、「人が死ぬなんて思えない。ちょっとデパートに行くだけだ」という言葉を残してます。誰もまだ知らないことだから、個人的にはそれもまた楽しみにしたいと思います。

「つながり」で救える人がいるかもしれない

今さらどんなに悔やんでも取り返しがつかない、という記憶を抱えている人は少なからずいらっしゃると思います。私にもあります。

あのとき、ああしていれば……

思い返すたびに、今もなお、胸が苦しくなります。

約30年前の出来事です。成人式の会場で、私は小学生時代の同級生と再会しました。いわゆる竹馬の友、幼馴染です。小学校卒業後は中学で離ればなれになり、その後、私は都内の大学に進学。彼はアメリカに留学中で、一時帰国していました。

懐かしそうに私のところに寄って来て、「今日、ちょっと時間ない?」と誘われたのですが、私は大学の仲間と式の後に集まる約束をしていました。「ごめんね、今日は無理。また今度」と、気軽に手を振ってその場を後にしました。

友人は、その日の夜、自宅のあるマンションの高層階から中庭に飛び降りて自殺しました。

その知らせを聞いたとき、私がどんなに自分を責めて悔やんだことか。

せっかく、声をかけてくれていたのに。

あのとき、「いいよ」と答えて一緒に飲んでいたら、自殺なんてしないで二人で酔っ払って笑い合っていたかもしれない。

ほんの10分でも彼の話を聴いてやっていれば、少しは気が紛れていたかもしれない。

確かに、話をしていても、彼の自殺を止めることができなかったかもしれない。ただ、いまだに「あのときに話を聞いていれば」という、「もし」という悔いだけが残っているのです。


後年、アメリカに渡った日の夜、彼が夢に現れました。

「おまえも、アメリカに来たんだな」と言って懐かしい笑顔で佇む彼の姿を、私はこれからもずっと忘れません。**折々に、心の中で会話を続けていくつもりです。**


アメリカで暮らすようになってから、実は、身近なところでもう一人自殺した人がいます。同じ大学院の女子学生で、自室のバスルームで手首を切るという死に方でした。現場検証をした警察官たちがみんな「自分自身で、これほど強く切れるものか」と驚くほどの深い傷でした。少しでも理性があったら絶対にできない。おそらく、相当の覚悟で切ってしまったんだろうとしか思えませんでした。

「なにがそんなに彼女を追いつめたのか？」

「彼女はどんなことに苦しんでいたのか？」

友人や仲間たちの間では、ひそかに原因探しが始まったものです。友人たちの間では、彼女の苦しみを知ることが、彼女への少しでもなぐさめになるのではないかという想いもありました。

でも、どこからも、出てこない。

「もしかしたら」程度のうわささえ、聞くことはできませんでした。

そのとき、彼女の周りにいた者はみんなこう思ったものです。

「ひとこと、相談してくれれば……」

もちろんのこと、相談されても、なんの力にもなれなかったかもしれない。だけど、聴いてあげることはできた。そばにいて、寄り添ってあげることはできた。ほんとうに残念な出来事でした。

悲しい二つの出来事をお話ししたのは、ほんの少しだけでもつながることの価値を伝えたかったからです。

今この瞬間、誰にも言えない悩みで苦しんでいる人へ。

どうか、閉じこもらないで、誰かとつながってください。悩んでいる理由なんて、話したくなければ話さなくてもいい。ずっと泣いていても構わない。ただ、少しでもいいから、外部とつながりをもってください。

大切な人が苦しんでいることに気づいた人へ。

どうか、静かに側に寄り添ってあげてください。もしも話し始めてくれたら、じっと耳を傾けて。「がんばって」とか「元気を出して」なんていう言葉は必要ありません。みんなすでに十分がんばっているのですから。ただ静かに話を聴いてあげてください。側にいてあげてください。

第6章

人生に「忍耐」は必要

忍耐とは、認めること

祖父・泰道和尚が、日々の講演の中で紹介した仏教の教えや禅にまつわるいろいろなお話の中のひとつに「忍耐」に関する話があります。

「忍耐とは認めることだ」。

これだけではよくわからないと思いますので、もう少し説明を加えます。

「認印《みとめいん》」というのがありますね。荷物を受け取った際の受領書や、何か説明を受けたときに「確かに聞きました」という証拠として押印する「はんこ」のことです。この「認印」の「認める」というのは、「自分が受け取りました」「自分が引き受けました」という意味になります。何らかのものを、確かに自分のものにしました、見届けました、確認しました、ということです。

では、「忍耐とは認めることだ」というのはどういう意味でしょうか。

まず、「認」の略字が「忍」です。これは、苦しい状況や困難を「自分のもの」として引き受けるということです。今、とても苦しんでいる、大変つらい思いをしているということを「自分へ送られたもの」として受け取るということです。

苦しい状況を受け取ると言っても、歯を食いしばって悲壮になる必要はありません。シンプルに「今はこういう（苦しい）状況なんだ」ということを、他人事ではなく自分事として受け取る。**自分の人生ですから、自分が受け取るべきもので、自分以外には受取人はいないんだ、と認めるのが「忍」ということなのです。**現状の苦しい状況や困難を容認するということです。

自分のものとして受け取ってこそ、次の一手が見つかります。自分のものだと認めてしまえば、案外気持ちも楽になれるものです。

「忍耐力」という言葉は、それ自体が強靭な精神力のように思われがちですが、何かと戦うという外向けの力ではなく、「自分が受け入れる」という内側にある力です。

昨今は、「我慢しなくていいよ」という風潮が幅を利かせています。「好きなこと」「気持ちのいいこと」「楽なこと」だけをすればいい、「嫌なことを無理してやらなくていいんだよ」というテーマの本が、書店にもたくさん並んでいます。

私は、そうは思いません。やはり、人生には「忍耐」が必要です。
ただ、その「忍耐」は外からの圧迫に耐え忍んでただただ我慢をするというものではなく、「現状を認める」という忍耐です。つらい道を避けないで、自分の目指す場所にたどり着くためなのですから。

「自分ばっかりが損をしている」という呪い

日本にいてもアメリカにいても、私はたくさんの方から相談を受けます。人が抱える苦悩に寄り添うことは、私が生涯をかけてやり抜きたいことなので、まだまだ若輩者の私を頼ってくださる方が多いのは、とてもありがたいことだと感謝しています。

人の苦しみ・悩みは千差万別です。誰も（もちろん私も）、ほんとうの意味で他者の悩みを共有することはできません。すぐに苦悩の根本となっていることを解決してあげることもできません。例えば、「自分ばっかりが損をしている」という被害者意識はまるで呪いのように、その人自身を損なっていきます。

まず、はっきりと言いますが、「誰も、自分ばっかりが損をしているということはない」でしょう。これは、全ての人に当てはまることだと思います。誰か一人だけが、一方的にいつも損ばかりしているということは絶対にありえないでしょう。

これまでに、誰かのおかげで「得た」ものが確かにあったはずです。

それでも、どうしても誰かを憎んでしまうとき。恨みの気持ちが膨れ上がってしまうとき。どうか、そのマイナスの気持ちに、あなたの全部を持っていかれないようにしてください。マイナスの大きな波があなたを襲ってきたとき、あなたは自分で自分をその波に引きずられて行かないように守らなければなりません。

どうすれば守れるのか？

それは、「願う」ことです。あなたが憎くて恨んでしまいそうな、その相手の幸せを願うのです。

どんなに嫌なことを言われても、ひどい仕打ちを受けたとしても、その相手を憎むのではなく、幸せを願う。もちろん、そんなこと、簡単にできることではありません。憎みたい相手の幸せを願うなんていう方向に、心が素直に動いてくれるわけはありません。それで、構いません。それでも「私はあなたの幸せを願う」と思ってみてください。そして、ありがとう、と感謝してみてください。

そうすると、何が起こると思いますか？　「憎み」「や「怒り」が、落ち着いてくるのです。イライラやムカムカが鎮まってきます。なぜなら、相手への「怒り」などのネガティブな感情と「幸せを願う気持ち」や「感謝」とは同居できないからです。


「あなたの幸せを願う」。

これほど力強い言葉は、ありません。

あなたがどんな意地悪なことをしようと、それであなたが幸せだったらいい。

あなたがどんなひどいことを言おうと、それでもあなたの幸せを願います。

そして、ありがとう、と。


「あなたの幸せを願う」という言葉は、そう言えるあなた自身を苦悩の淵から常に救い上げ、さらなる苦悩から守ってくれます。そう願えたとき、マイナスはプラスに見事に転化を遂げるのです。他者の幸せを思うという深い思いやりは幸せの源です。言い換えれば、他者の苦を和らげようとすることで、自分自身の苦が和らぐ。幸せになる秘訣は、ここにあります。

思い込みを捨てよう

最近こんな相談を受けました。

30代後半の友人女性は出産を機に仕事を辞めて専業主婦になっていましたが、子どもたちが小学校に入ったのを機に仕事に復帰しました。復帰当初は、ブランクもあったせいで相当苦労をしたようですが、数年たった今では会社からも頼りにされて、正社員として責任ある仕事も任されるようになりました。

ところが、ご主人に地方勤務の転勤の辞令が出て、会社を辞めて子どもたちも一緒についてきてほしいと言われています。

「子どもたちが多感な時期だから家族は一緒にいるべきだという夫の主張もわかる。実際、下の子はまだ手がかかり、夫の協力がなければ私も仕事と育児を両立させる自信はない。でも、せっかくがんばってきたのに、どうしていつもいつも私が仕事を辞めないといけないの？」という不満を抱えて私のところにやってきました。

バックグラウンドは異なれど、家族の事情で意に沿わない選択を迫られるというケースは、よくあることだと思います。

全ての場合においてこれが正解という答えはありません。

彼女の場合、仕事を辞めて地方に一緒に行くのがいい場合もあれば、ご主人に単身赴任してもらって、家事代行のサービスなどを利用しながら自分の仕事を優先したほうがいいかもしれない。あるいはご主人が辞令を断る、あるいは仕事を転職するという方法だってあります。考えれば、もっともっと他の解決策もあるかもしれません。

ただ、「これだけは伝えておきたい」と彼女に話したのは次のようなことです。それは、「この道しかない、なんてことは絶対にないからね」「あなたの前にはいくらでも道はあるよ」ということです。この道の先にしか幸せはないなんて思い込んじゃダメだよ、と。

たしかにここまでの道のりのおかげで、「今」があるわけです。「今」が幸せで満足している人は、この先も一本道が続いていくように思ってしまいます。だから、道を外れたくない。しかし、無常の本質は「始まりがあることには必ず終わりがある」ということです。無常の本質を深く理解することができれば、永遠に続く幸福は存在しないという事実を受け入れられるようになります。

これまでだって一本道だったわけではありません。あなたが歩いてきた道は一本の軌跡を残してはいるけれど、道自体はいつもあらゆる方向に何本も延びていたはずです。

私たちは、「自分で選んだ道」を、価値化していきます。

「これでよかったんだ」
「これが私には向いていたんだ」

そう思えるのはとても幸せなことですが、一方で、選ばなかった道を否定することにつながる場合があります。

「あっちに行っていたら、きっと悲惨だったなあ」
「危なかったなぁ、こっちにしてよかった！」

でも、実際は、そんなことはなかったかもしれません。**選んでいれば、その道を価値化して、ちゃんと満足していたという可能性はとても高いと思います。**

だから、大丈夫だよ、と私は彼女に伝えました。どの道も、ちゃんと目の前にある。過去ではなく今の判断で選べばいい。なぜならば、今の判断は常にベストを選ぶからです。そして、「今選ぶ道を、君ならきっとよいものにしていけるよ」と。

「差別」の中で

アメリカで暮らしていると「差別される」という体験はとても身近なものです。いろんな場所で「あ、今、自分だけが差別されたな」と思うことは、こんなにも多様化が進んでいる今でも、それほど珍しくはありません。

その原因は、潜在的に植えつけられている無意識の偏見です。肌の色が違う、目の色も髪も違う、言葉が違う、生活習慣が違う、背景とする文化が違う、宗教が違う。「違い」に人は敏感（sensitive）です。ある違いは許せても、ある違いにはポジティブな感情を持てない。また、ある特定のものに対して自然とネガティブな感情を抱くなど、私たちがこの潜在的偏見を完全に乗り越えるまでには、まだまだ相当の時間がかかるでしょう。

差別の問題や事件は、アメリカだけでなくどこでも見られることと思います。先日、新型コロナウイルスの感染の影響で、ニューヨークの地下鉄でマスクをした中国人が暴行を受けた事件がありました。街を歩いていても、中華料理をはじめ、アジア系のお店にはあまり人が入っていなくガランとした感があります。

この21世紀、確実にグローバル化、ボーダレス化は進んでいるからこそ、潜在的な偏見に気をつけなければいけません。島国で単一民族の日本は特に意識する必要があります。人種も言語も宗教も異なる様々な人たちと、ともに生きることが当たり前の時代がやってきています。当然、いろいろな課題はありますが、一方で素晴らしいパワーを発揮することを示した好例があります。

昨年、日本で「ラグビーワールドカップ２０１９」が開催されました。このときを待っていた長年のファンに加えて、にわかファンも急増。わかりやすいルール説明や丁寧な試合解説などによる、誰が見ても楽しめる試合中継のおかげもあって日本中が熱狂し、日本チームもベスト8まで駒を進めるなどの大活躍でした。

ラグビーの国際試合を見慣れない人たちの中には、日本チームのメンバーを見て最初は戸惑った人も多かったようです。「え？　日本チームなのに、日本人じゃないの？」「多国籍軍だね」と。

実は、ワールドラグビー定款では、外国出身でも条件をクリアしさえすれば他国の代表資格を得ることができます。これは、サッカーなどほかの競技と明らかに違う点です。様々な背景を持つ、国籍や人種が違う選手たちが一丸となってチームで戦う姿は、理想のグローバリズムを感じさせてくれました。ただ「仲間」として、「チーム」として信頼し、互いを尊重し合っている。同じようなことが、家族、会社、学校、そして一般社会でもできたらいいな、と思います。いつか、きっと、そんな日が来ると信じたい。

一人ひとりの持つ「絶対的な尊厳」と「純粋にして本来の人間性」は、嵐の雷雲に隠れている月のようなものです。荒れ狂う風と雲が邪魔をして、月は見えなくなっているけれども、月は消えたわけではなく、見えなくなっているだけ。月そのものは常にそこにあります。

同じように、「絶対的な尊厳」も「純粋にして本来の人間性」（禅ではこれを「仏《ぶっ》性《しょう》」と呼びます）も、一人ひとりに必ず備わっています。そのことに思いを馳せることができれば、6つの気づきを得ることができるでしょう。それは即ち、①「調和」の心、②他者への「敬意・尊重」、③他者との「共感」、④他者との「つながり」、⑤他者への「思いやり」、そして⑥他者への「倫理的実践の心」です。

この6つの気づきの境地に達すれば、より良い社会、より良い世界、より良いヒューマニティへの意志が働きます。

禅は、より良い社会、より良い世界、より良いヒューマニティーの創造への鍵であり、坐禅はその目的達成のための一つの手段（tool）だと私は信じています。みんな違って当たり前。異なる一人ひとりが平等に仏性を持っていると信じて、それぞれがピュアな人間性というものを突き詰めていくとき、平和な世界が実現できるのではないでしょうか。

5歳のハンナが教えてくれたこと

アメリカに渡った私が最初に得た仕事は、コーネル大学のロウ教授のお子さんたちのベビーシッターだったという話は前に述べました。当時、私は27歳。子どもたちは3歳と5歳と7歳の3人のわんぱく盛り。全く初めての経験に、日々、夢中で向かい合っていました。

一番下の女の子のハンナが5歳のときのことです。幼稚園への送り迎えも私の役割でした。ある日、家を出る前にコーヒーを飲む暇のなかった私は、幼稚園に送る途中、彼女を連れたままスターバックスに立ち寄りました。このとき、私はとても嫌な気配を感じたのです。

まず、注文を受ける店員が、私にこう言いました。

「まさか、その女の子にコーヒーを飲ませるつもりじゃないでしょうね」

そんなの当然です。子どもにコーヒーを飲ませるはずはありません。そう言って、自分のコーヒーを待っている間、店内のテーブルにハンナと向き合って座りました。

周りの客が、こちらをじろじろと見つめているのを感じました。好意的ではない、イヤな感じの不信感丸出しの視線です。アイビーリーグのコーネル大学のあるイサカという知的水準の高い学術都市であっても、アメリカ人にとってはアジア人の若い男性が、白人の小さな女の子を連れているということは「怪しい」ことなのです。

「どういう関係なんだ？　いたずらするんじゃないか？」

確実にそう思われている目だったと、二人の小さな娘を持つ父としての今では、それがはっきりわかります。そのときの私は、内心とてもムカムカしていました。

と、そのとき、いきなりハンナが椅子の上に立ち上がってこう叫んだんです。

「そんな目で何を見てるのよ！

この人は、マサキ。ママの学生で、私を幼稚園まで送ってくれるのよ！」

店内の緊張した空気が、一瞬にしてほどけていくのが目に見えるようでした、本当に一瞬に。

ハンナがこのとき示してくれたのは、英語では「エンパシー」という言葉で語られる「深い共感」の力ではないでしょうか。私が陥っていた状況を自分事のように捉えて、そこから抜け出すための行動を起こしてくれたのです。たった5歳の女の子が、まだ英語だって十分に話せない日本人のシッターに対して。

このときの嬉しさは、彼女がすっかり成長して大学生になった今でも忘れたことはありません。先日彼女に会ったときにこの話をしたら、よく覚えていると言っていました。ついでに、笑いながら「あのとき、コーヒーを買ってくれなかったわね」とも言っていましたが。

第7章

ほんとうの心の強さとは？

映画『42』に見るほんとうの心の強さ

2013年に公開されたアメリカ映画『42〜世界を変えた男』を、ご覧になった方はいらっしゃるでしょうか。アフリカ系アメリカ人で初めてメジャーリーグの選手になったジャッキー・ロビンソンが激しい黒人差別を受けながらもそれに耐えて、素晴らしいプレーや態度によって周りを変えていく経過を描いた、実話に基づくストーリーです。

ときは1947年。ブルックリン・ドジャース（当時、現在はロサンゼルス・ドジャース）のゼネラルマネージャーであるブランチに見出されてチームに加入して以来、ジャッキーは様々な嫌がらせを受けます。チームの定宿だったホテルからの宿泊拒否、試合中の相手チーム監督や観客からの罵詈雑言や嘲笑、仲間であるはずのチームメイトさえも彼を邪魔者扱いし、一緒に戦うことを拒否します。

どんなときも「仕方ないや」というような表情でじっと耐えていたジャッキーですが、ある試合でバッターボックスに立ったとき、会場にいる観衆たちから一斉にブーイングを受けてしまいます。おまけに、投手の球は、故意としか思えないデッドボール。さすがのジャッキーも怒りを抑えきれません。バットを持って激しい勢いでロッカー室に向かいながら、何度も壁にバットをぶつけて叩き折ろうとします。
そこに現れたのが、ジャッキーをチームに招いたブランチ。荒れ狂うジャッキーに、彼は言います。

「暴力で、強さを見せるな。耐えることで、強さを見せてくれ」

ここからの展開は、ぜひ実際に映画を観て味わっていただきたいのですが、私はこのシーンで語られる「強さ」こそが、ほんとうの心の強さだと思います。
相手を攻撃する強さではなくて、自分の中に生まれた怒り、憎しみ、悲しみといったネガティブな感情をコントロールすることができるという強さです。

相手に対して怒りを感じている間は、それは結局、相手の土俵の中にいるということです。相手を許したときにはじめて、全ての執着から解放されて自分自身の土俵に立つことができます。だから、許すというのは相手のためにするわけではありません。自分自身のために、相手を許すのです。

自分を怒りから解放するために「許す」

「許し」こそがほんとうの強さだと語るとき、いつも思い出すことがあります。

アメリカのペンシルバニア州ランカスター郡の小学校で起きたアーミッシュ女児殺害事件です。アーミッシュは、アメリカ合衆国のオハイオ州・ペンシルベニア州・中西部などやカナダ・オンタリオ州などに居住する移民系（ペンシルベニア・ダッチも含まれる）の宗教集団です。移民当時の生活様式を保持し、自給自足生活をしています。各コミュニティの規則によって異なりはありますが、車や電気製品を使わないなど、現代的な暮らしを否定し、独自の言語を持ち、コミュニティをつくって暮らしています。また、アーミッシュの住民は暴力を否定する平和主義者でもあります。

事件が起こったのは2006年の10月2日、アーミッシュの小学校に32歳白人の男が乱入し、女子児童だけを人質に取り、そのうち5人が射殺されました。殺された女の子たちは、13歳、12歳、8歳、7歳が2人。このうち最も年長の13歳の女の子は、犯人が撃つつもりだとわかったときに「私から撃ってください」と進み出ました。より小さな子どもたちを何とか助けたい一心での行動だったようです。

私自身、9歳と6歳になる二人の幼い娘を持つ父親です。この事件のあまりの悲惨さに、胸がつぶれる思いです。犠牲となった女の子たちのご家族のお気持ちを考えると、犯人に対する怒りや憎しみが噴出してきます。

ところが、常日頃から暴力を排して生きているアーミッシュの人たちは、事件直後に犯人への許しを表明したことが報じられました。**私たちは罰することはできない。あくまでも罰するのは神だと。**

この事件を起こした犯人は発砲後に自殺。アーミッシュの人たちは、事件のあった夜にその家族を訪ねて許しを伝えたといいます。さらには犯人の遺族に対して経済的支援を申し出て、事件を悼《いた》んで全米から集まったドネーション（寄付金）を犯人の家族と分け合ったそうです。

燃えたぎる怒りの炎を消すためにこそ、「許し」という行為が必要なのかもしれません。許しの実践こそが、唯一、自分自身を癒し、過去から解放される方法です。

「許し」の働きがないと、私たちを傷つけた者から常に首輪をつけられている状態で、苦い経験にいつまでも縛られ、罠にかかったような状況で拘束され続けることになります。許しの働きは、運命と感情のコントロールを自身の手に奪回し、自らを解放することにつながります。一方、許しがないところでは、絶えず遺恨、怒り、敵意、憎しみ、紛争、戦争が存在し続けます。「許し」とは弱さではなく、むしろ強さの象徴なのです。

「許す」ことは「忘れる」ことではありません。ネガティブな事項を忘れる必要はありません。ただ、忘れないことで憎しみを助長させたり、いつまでもネガティブな感情を持ち続け、自分を消耗させてはいけません。そうならないために、「許す」ことを選ぶのです。

　取り違えてほしくないのは、「許す」ことは「正義を探求しない」ということとは違います。また、加害者は処罰されないということでもありません。多くの人は、許すことは間違ったことも水に流し、容認することだと思い込んでいて、「許したら終わってしまう」と考えますが、そうではありません。**許すというのは、自分自身の中に怒りや憎しみを起こさせないための積極的な行為です。**これこそが「許す」ことが持つ大きなパワーです。

怒りや恨みからではなく、間違いに対して明快さと確信を持って立ち向かうことができるようになります。同時に、「許し」の実践によって自身を癒し、つらい過去からの解放を可能にします。

「許し」の働きによって、私たちを傷つけた者からはめられた「苦しさ」という牢獄から抜け出すことができます。自身の運命と感情のコントロールを自らの手に取り戻すことができるのです。

許しこそ、ほんとうの強さなのだと私は思います。

Focus on yourself !

前の項で紹介した映画『42～世界を変えた男』では、主人公のジャッキーが「人種差別」という現実を受け止めながら、自分自身をコントロールすることによって自分の生き方を確立し、それはやがて周りをも変えていくことになります。ジャッキーは、自分をコントロールすることで周りを変えようと思ってそうしたわけではありません。自分には他者をコントロールすることはできないということを知って、自分自身の在り方に集中したのです。

自分自身に集中する。
これが、英語で言うところの「Focus on yourself！」です。

他人を変えようと思うから、変わらないことにイライラしたり腹を立てたりすることになる。いつまでも変わらない相手に、つい攻撃的になってしまう。「お前が間違っている！」とつい声高に言ってしまう。だけど、そんな行為をいくら重ねても、状況はよき方向には向かいません。どちらかというと、悪化のスパイラルに巻き込まれてしまいそうです。

自分が変えられるのは、自分だけ。
自分がコントロールできるのも、自分だけ。

全ての悩みや苦しみは、自分自身ではコントロールできないものを何とか思い通りにしようと考えるところから始まります。他人の心はコントロールできません。歳をとることをとめることはできないし、病気になる・ならないを自分で決めることはできません。他者の考えること、思うこと、感じることをコントロールすることはできません。冷静に考えれば当たり前のことなのに、それを忘れて執着してしまう。

「彼女の心をこっちに向かせたい」

「老いたくない」

「なぜうちの家族が病気に……」

そういう執着が、苦しみを生みます。


いつも自分と他者を比較して、自分の境遇に不満や不安を感じてしまう人もいます。つい先日、30代後半の女性からはこんな悩みを聞きました。

彼女は女優として、いくつもの作品に出て活躍しています。私が彼女に会ったのは、新たに2作品のオファーが来たという喜ばしい時期でした。さぞや勢いに乗って絶好調なのかと思っていたのですが、コーヒーを飲みながら彼女がぽつりぽつりと語ったのは「不安と焦り」でした。

「大学の同級生のSNSには、結婚しました！　という報告や、赤ちゃんと一緒に写った家族写真がたくさん並んでいて、私はこのままでいいのかなあって、昨夜もすごく落ち込んじゃったんです」

彼女の悩みは、まさに、フォーカスの対象が他者になっていることに原因があります。自分にはどうもしようもできない、他者の動静ばかりを気にしている。自分の人生ではないものを眺めてため息をついているのです。

私は、まずはただ一言、「Focus on yourself!」と伝えました。

自分自身を見てごらん、と。スタッフも視聴者も、あなたに期待しているよ。オファーがきたということは、今のあなたが輝いている証拠、大好きな仕事で評価もされて、素晴らしいじゃないか。そんな自分のことを、自分自身がきちんと評価してあげないと、もったいないよ。

誰の人生も、100%満ち足りているということはありません。人は、全てを手に入れることはできないのです。だからこそ、選択をして、今がある。選んだ結果が今であり、**未来は今とこれからの選択で決まります。**

36歳で結婚していないからと言って、結婚している人をうらやましがる。でも、結婚していたら、今の自分は、少なくとも今とまったく同じ自分は存在していなかったはずです。もしも、今の自分が本当に「イヤ」なら、それは、これからの選択で変えていけばいい。でも、そのためにも、まずは「今の自分」にフォーカスすることが大切です。

自分の人生は、自分が中心。
自分の人生は、自分が決める。

人はみんな、自分の選択肢に自信を持つべきです。いつだって、隣の芝生は青く見えるものです。でも、それは隣りの人にとっても同じで、他者から見たら自分の今いる場所は光り輝いているかもしれません。

他者のことが気になって仕方がないとき、あなたは、その他者の土俵の中に吸い寄せられています。いつまでそこでがんばっても、永遠に主人公にはなれません。

あなたが主人公になるためには、自分の土俵をつくり、そこに立つことが必要です。そのためには、いつも「Focus on yourself!」（自分に集中！）を忘れずに。

「己こそ己の寄る辺」

釈尊の言葉に、次のようなものがあります。

「己《おのれ》こそ己の寄る辺《よるべ》　己を置きて誰に寄るべぞ
よく整えし己こそ　まこと得難《えがた》き寄る辺なり」

声に出して何度かお読みいただければ、自然とすっとその意味が感じられると思います。まずは一度、ご自身でこの言葉をかみしめてください。

念のためお伝えすると、このような意味になります。

「自分自身こそ自分のよりどころである　自分以外に誰に頼れるものがあろうか
よく整えた自分こそが　真に得難いよりどころである」

祖父・泰道和尚が、いろいろな場所での説法で、よくこの言葉を話していました。

生きていればいろんなことがあるけれど、どんなときにも自分がいちばん頼れる存在、そういう自分になりなさい。そういう自分をつくっていきましょうというメッセージです。

「自己を見つめる」というのは、仏教の大きなテーマです。坐禅も、自己を見つめるために行うものです。曹洞宗宗祖の道元禅師《どうげんぜんじ》（1200－1253）は「仏道をならうとは、自己をならうなり」と言われました。

また、禅には「大疑団《だいぎだん》」「大憤志《だいふんし》」「大信根《だいしんこん》」という言葉があります。

まず「大疑団」。

これは、いつでも疑いの心を持つことが大事だということです。徹底的に疑い、疑いの塊になるほど強く疑え、納得できないこと、答えがわからないことに出会ったら、自らをごまかすことなく徹底的に疑えと、禅は説きます。つまり、問い続けよ、ということです。何事もすぐに答えを出そうとせず、問い続けることが大事なのです。英語でいうと、〝Why?〟〝How?〟になります。問い続けることによって、より深く探求していくということです。

「大憤志」とは、「どこまでもやってやるぞ」という気概のことです。自分がやらないで誰がやるか、という強い決意のことです。絶対に諦めないというすさまじいまでの情熱のことを言います。

若いときの白隠にこのようなエピソードが伝わっています。

白隠が「わが師となる一冊の良書にめぐり合わせたまえ」と瞑目して一冊の書を選び、無心に開いてみたのが、『禅関策進《ぜんかんさくしん》』という禅書の「引錐自刺《いんすいじし》（錐《きり》でわが股を刺す）」章の一節でした。それは「慈明《じみょう》という禅者が〝刻苦光明必《こっくこうみょうかなら》ず盛大《せいだい》（努力すれば必ず光明を得）〟との古人の言を信じ、わが股に錐を刺して、眠気と怠惰を戒めた」との場面です。これを読んだ白隠は自分を顧みて、「慈明ほど自分には厳しくしていない」「自分とはなんと自分に甘かったのか」と。以後、彼は「禅関策進」の強い精神を持って、「刻苦光明」を座右の銘としたのです。

「大信根」は、常に自分自身の側にあって、常に自分の味方であり、決して裏切らず、常に絶対に信じられるものが自分自身である、ということを信じ抜く強い「信」の心です。**自分の心は絶対に自分を裏切らない。**いつも必ず一緒に居てくれる。それを、信じるということ。私たちはこのことを簡単に忘れて、何か頼れるものや信じるものを自分の外に見つけようとします。一番信じられるものが自分の中にあるということを忘れてはいけません。

iPhoneを世に送り出した米アップル社のCEOを務めたスティーブジョブズは2005年に行われたアメリカ・スタンフォード大学卒業式のスピーチでこう話しています。

〝Have the courage to follow your heart and intuition. They somehow already know what you truly want to become.〟
(あなたの心と直感に従う勇気を持ちなさい。それらは、どういうわけか、あなたが本当になりたいものをすでに知っているのです)

私はこのジョブスの言葉を知ったとき、彼の言う「intuition」というのは、つまり自分のガッツのことであり、「自己」のことであり、それに従えというのはまるで禅の言葉のようだと感じて驚きました。

どこの国に生まれようが、どんな文化宗教的背景を持っていようが、大切なことは「己」を知り、「己」を信じ、そして、頼れる「己」をつくることです。

伝わらなければ意味がない

アメリカの大学で学生相手に仏教について教えていると、日本では考えられないような質問が飛んでくることがあります。

例えば、イントロダクションのクラスとして仏教の概要を講義している「仏教概論101」の授業中のことです。「そもそも仏教とは紀元前5世紀にインドでブッダが……」といった感じで話し出すと、途端に学生の手が上がります。

「先生、ブッダって実在の人だったのですか？」

「ブッダって誰？　シャカじゃないの」

いやはや、心の中では「そこからか!?」と突っ込んでいました。

日本ではどこで法話や講演をしようと、そういう質問はまず来ません。特にお寺で話す際には、聴いて下さる方たちには仏教の基盤があります。少し難解な話でも伝わりやすく、とても話しやすいものです。一般向けのセミナーや、企業の研修でお話をさせていただくときも、日本人が対象であればそのような質問は出てきません。

ところが、アメリカの大学生、つまり、異文化に生きる学生たちに話すときは、そう簡単にはいきません。彼らは仏教について全く知らないと言っても過言ではない。これから勉強をしよう、と思って私の授業を選んでくれたのですから当然です。私たちが、例えばトーラー（ユダヤ教の聖書）について全く知らないのと同じことです。

学校での授業は、学生に内容が理解してもらえなければ教師として「失格」です。だから、かみ砕いて、かみ砕いて説明していきます。こう言ってわからないなら、もっと別の言い方をしよう。10のレベルで伝えたいけれど、2までしか理解してもらえないなら2のレベルで語ろう。みんなの理解が追いついてきたら、3まで上げようか……、そんな風に、日々試行錯誤しています。

ここ4年連続で、毎年6月にコーネル大学の学生を連れて日本のお寺での「日本仏教実践授業講義」を約2週間のプログラムで開催しています。コーネルの卒業生は、いずれ世界の各分野でリーダーになっていくような優秀な若者たちです。アメリカの文化しか知らないようではダメだ、と、視野を広げる目的で始めた試みです。この体験で、学生たちにまた新しい眼を開かせることができればいいなと思っていました。

ところが、由緒ある日本のお寺の和尚さんたちでさえ、アメリカ人に禅を教えるとなると一筋縄ではいきません。「ザ・日本の禅の『型』」に縛られていてはなおさらです。しかし、私のプログラムに協力くださっている和尚さんたちは大変勉強家で、「これが、日本の寺の正しいやり方だ」という固定概念を捨て、どうしたら相手が一番理解しやすいかを第一に考えて、毎年毎年工夫を凝らしてくださっています。

普通でしたら、「これが本物の禅だ」「これが本物の仏教だ」の一点張りで、相手がどう受け止めるかという視点がなく、ただ異文化体験のお土産として持ち帰ってもらえばいいとなるかもしれませんが、**「相手にはどこまでも親切に、自分にはどこまでも辛切」**の精神でプログラムを支えていただいております。

相手が何を求めているのかを敏感に感じ取りながら、時代に合わせて、相手の様々な異文化背景に考慮して伝えていくことが重要です。それはあらゆる分野に共通するマインドであり、日本の仏教であっても例外ではありません。どんなに立派なことを言っても、伝わらなければ意味がない。受け取る相手のことを考えない発信は単なる自己満足だと私は考えています。

また、一番大事なのは、「禅は、もはやアジアや日本独特のものではない」ということです。禅を取り巻く世界や社会がグローバルになればなるほど、禅もよりグローバルな産物へと変化していく〝現在進行形〟になっていかなければなりません。禅がどのように世界で受け入れられているのか、また、どのようにしたら受け入れられるのかをよく勉強する必要があるのです。

以来、毎年日本のお寺から若い2人の和尚さんをコーネル大学に招いて、見分を広げ、学生たちに坐禅を教える講義を含めた研修を1週間ほどで行っています。私もまた、世界でどのようなことが起こっているのか、フィールドワークを含め、学生たちとの交流からもたくさんの学びを気づきをいただいています。

私たちが、日本で講話するように同じようにしてみても、先ほどの「ブッダって誰？」の話ではありませんが、学生たちにうまく伝わらず、ときには「よくわかりません」というような顔をされてしまいます。露骨にそのような表情をされると、私どももも言葉が続かなくなります。「それ、どういう意味ですか？」と聞かれて、日米間の価値観の違いに悪戦苦闘することも多々あります。仏教はマイノリティーですし、宗教文化の理解も価値観も違うから当たり前です。

それでも、学生たちが熱心に話を聞いてくれていることは肌身に感じます。そうすると、こちらも「なんとかわかってもらいたい」という気持ちに自然となるものです。「なるほど、日本と同じやり方では伝わらないんだ」と、「工夫が必要だ」となるわけです。私たちも初めは、アメリカ人だから禅を理解するのは大変だよ、などという声を聞かされてきましたが、坐禅を一緒にしているとそのようなことは忘れてしまいます。肌の色、髪の毛の色やスタイル、目の色、様々な個人差についても、そんなものは全て余計なことです。文化的、民族的、宗教的に異なるバックグランドに立つとしても、そんなものは全て余分なことなのです。単純に人間がいるだけのこと。アメリカ人も日本人もない。この気づきが大事なのです。坐禅をしていても、単に人間同士が座っていることに気づくのです。

人は、人と接するときには「わかってもらいたい」という気持ちを持つことが大事です。多様性が進む社会においては、これまで以上にその重要性は高まります。いろいろな国からいろいろな異文化・人種の方が日本にもやって来ます。宗教観や文化的背景、育った社会環境に大きな違いがある人と、隣人になったり職場の同僚になったりするようになっていきます。お店の店員さんや、同じ電車に乗り合わせた人たちがそうかもしれません。

そんなときに、その違いを理由に「どうせ話したってわかってもらえない」「自分たちは古くからこうしているから、それに従ってもらわないと困ります」と最初から心を閉ざしてしまったら、ダイバーシティは前に進んでいきません。

ダイバーシティ社会への最初の一歩は謙虚になること、そして自分をオープンにすることです。自分がスペシャルな存在だと考えていると、自分と他者の間に距離をつくってしまいます。自分の方が優位だと思った途端に、相手との間に壁が現れて、コミュニケーションを妨げます。自分も、ただの一人の人間。相手も、ただの一人の人間。同じ人間、だから、理解し合いたい。一緒にわかり合いたい。そこから、まず始めましょう。

複眼で考える

多様性についての話をもう少し続けましょう。

今度は、社会の多様性と向き合うために、今すぐにでも始められることは何か、という話です。それは、複眼でモノを見ることです。

ビジネス書などでは「複眼思考」というような呼び方もされているようですが、私の言いたいことも同じ、**複眼、つまり「レンズ」を複数持ってものごとを眺める習慣をつけたいものです。**

私たちは、たいていの場合、ものごとを一方向からだけ考える癖があります。

例えば知人夫婦のケンカ話。妻の言い分を聞くと、夫に原因があるように思えるし、夫の話を聞くと妻にも非があるような気もします。

妻「夫は全然家族のことを考えてくれなくて、仕事、仕事って、そればかり。つきあいだから仕方ないって言って飲んで午前様に帰ってきたり、休日も家に仕事を持ち帰ってきたりして、ほとんど家事をやってくれない。私は仕事もして、育児もして、家事もして自分の時間なんて一切ない。子どもは可愛いし大切だけど、私だってたまには友人と出かけたいし、趣味の時間も持ちたい。子どもたちだって休みの日くらいお父さんに遊んでほしいと思っているはず！」

家事や育児を全部担わされた上、ご主人が家族のことを全然考えてくれないとなると、不満に思うのも無理のない話です。

一方、ご主人の言い分はどうでしょうか。

夫「仕事で実績を出さなければ家族を養えない。将来、子どもたちが留学したいとか私立の医大に行きたいと言い出したときにも、それを叶えてあげるには、ある程度の収入が必要だ。もちろん妻が大変なのはわかるけれど、私が慣れない家事を手伝うと『そのやり方じゃない』『余計に手間がかかる』って怒られるから、それなら彼女に任せた方がいいのかなと思って……」

あれ？　ご主人は家族のために仕事を頑張っている。子どもの将来もちゃんと考えてくれています。奥さんが大変なこともわかっているけれど、過去に手伝ったときに感謝の言葉ではなく、小言を言われて、どう手伝っていいのかわからなくなっているのかもしれません。

そうなると、どちらかが一方的に悪いわけじゃなくて、ただ、相手がどう思っているのかを知ろうとしていないだけじゃないの？　と思いますよね。こういうことって、よくありませんか？　これは、どちらの場合にも「単」レンズで問題を見ているからです。

この夫婦の例を見て、「ちょっと話し合えばわかるのに」「もうちょっと見方を変えれば理解し合えるのに」と思ったのではないでしょうか。本当に、その通りです。簡単に解決しそうです。

ところが、これが、当の本人たちにはなかなかできないのです。第三者ならよく見えることが、当事者になった途端レンズが一つになってしまうようです。

たいていのもめごとは、「思っていたのと違う」ところから始まります。

「もっと優しい人だと思っていたのに」
「もっと楽しい会社だと思っていたのに」

勝手に「こうあるべきだ」と決めつけて、それと違うと言って怒ったりいらだったり呆れたりして、いさかいが起こる原因になります。

人は、意識して複眼のレンズを持とうとしない限り、「いちばん見やすい」と本人が信じ込んでいるたった一つのレンズを常に愛用してしまいます。複眼思考になるためには、ある程度の訓練が必要です。

なにかネガティブな感情が芽生えたときが訓練のチャンスです。そのとき、こう呟いてみてください。

「私からはそう見えるけど、相手はどうかな？」
「私はいまこう感じたけど、別の考え方もあるかな？」
「相手はなぜそういうことを言ったのかな？　なぜそういうこうとしたのかな？」

そのように練習を続けていくことで、レンズの数は増えていきます。レンズの数は、頭で考えるだけでは増えていきません。やはり、そこには体験の裏づけが必要です。でも、たくさんの人との出会いや読書による刺激も、レンズを増やしてくれるでしょう。でも、一番大事なのは、相手を思う気持ちです。相手の気持ちを考えてみたい、そう願うことで、無限のレンズが現れるのです。

そして、複数のレンズの、それぞれから眺めた上で、そのうちの一つを選ぶのではなくいろいろな見方をつなげて包容力を高めていくことが大切です。そうすれば必ず解決策は出てくるはずです。

輝く月にも裏側がある

複数のレンズがあると、ものごとの「裏側」にも目を向けることができるようになります。「裏側」というのは、人が隠している裏の顔というような意味ではありません。表面的には見えてこない、ただ顔を突き合わしているだけでは想像がつかない部分ということです。

例えば、大人気のアイドルや芸能人。カッコイイ（あるいは、かわいい）！　と憧れる半面、「華やかな生活をしているんだろうな。うらやましいな、ちょっとムカつく」なんて思ったりすることもあるかもしれません。たしかにテレビに出てくる姿はキラキラしていて、いつも楽しそう。全く別世界よね、とため息の一つも出てしまいます。

だけど、ここで複眼のレンズを使ってみてください。

「どんなときもニコニコしてなきゃいけないっていうのも、結構大変かも」
「どこへ行っても週刊誌やファン、パパラッチに追い掛け回されたら嫌だろうな」
「ファミレスとかカフェとかに気分転換に行けないんだろうな」
「外に出るのもいちいち大変だろうな」

ほら、アイドルも大変です。私たちよりはるかに生活に制限があると思います。アイドルの生活がいいことばっかりじゃないことに気づくと同時に、自分の生活も、そう悪くないことを発見できたりします。みんな程度の差はあっても大変な思いをして生きているのです。

「隣の芝生は青い」ということわざが示すように、私たちは他人の持ち物は自分の持ち物よりもよく見えてしまう性質があります。相手の光っている部分だけが目に入るので、それが欲しくてたまらなくなってしまうのです。

そもそも、人間は「持ち物」が増えるのに比例して「悩み」を引きずることが増えていきます。子どものころにもそれなりに悩みはありましたが、翌日まで持ち越すような悩みはなかったと思いませんか。

禅語に**「父母未生以前《ふぼみしょういぜん》の本来《ほんらい》の面目《めんもく》」**という言葉があります。

これは、「自分の父や母が生まれる前のあなたの本来の自己を見よ」という問いかけです。

禅問答といえば、夏目漱石が鎌倉の円覚寺で参禅したことは有名な話です。漱石が27歳のころ、円覚寺《えんがくじ》の釈宗演《しゃくそうえん》老師に参じたときのことは、漱石の小説『門』に描かれています。その中で、漱石が宗演老師からいただいた問題（公案）がこの「本来の面目」というものでした。

公案は常に自己の探求を目的としているため、いくら頭で考えていてもダメなので、全身全霊でもって取り掛からねばなりません。ここでこの問いを持ち出したのは、以前、姫路の龍門寺《りょうもんじ》の住職である前妙心寺派管長河野太通《こうのたいつう》老師のところで、コーネル大学の学生10名とともに坐禅研修をさせていただいたときのお話を紹介したかったからです。

そのとき、一人の学生から「禅の本を読んでいるとよく『本来の自己』という言葉が出てきますが、これはどういうことですか」という質問が出たのです。すると老師はこのように説明されました。


「人間というのはね、生まれてからいろいろな経験をして、いろいろな知識をつけてくる。それはもちろんいいことなんだけれどもね、本来のものの価値が、その蓄積していった経験と知識によって評価されることになる。だからこそ、禅はもう一度、赤ん坊のような心に戻ることが大事と教えるんですよ。その赤ん坊のような心を我々は〝無〟と呼ぶんですよ」

まさに「いい・悪いの価値判断から自由になる」ということ、「経験と知識とによって評価された対象のありのままの姿を見よう」ということでしょう。禅ではその自由になった状態を、「無」と表現しています。言い換えれば、「**かたよらない心、こだわらない心、とらわれない心**」ということです。

自分が赤ちゃんだったときのことを考えてみてもいいでしょう。赤ん坊は、何も持たずに生まれてきます。本能のおもむくままに泣きますが、お母さんからおっぱいをもらってお腹がいっぱいになり、抱っこして眠らせてもらって、スッキリ排泄ができればそれだけでご機嫌です。

ところが、どんどん成長するにしたがって知識と経験が増え、それに伴って欲や執着が生まれます。知識や経験が増えるのはもちろん良いことなのですが、多々頭でっかちになりがちで、レンズが曇って偏った見方しかできなくなるというようなことが起こります。頭だけで理解しているインテリ禅なども この「頭でっかち」の分野でしょう。

本来、何も持っていなくても幸せだったのに、そのことを忘れて欲望ばかりが増幅していく。知識のレンズによる評価、比較、価値判断が「苦」を呼び寄せてしまいます。

「父母未生以前の本来の面目」の禅語で面白いのは、「自分が赤ちゃんのとき」では不十分で、「自分の父や母が生まれる前」まで戻れということです。そのぐらい、存在するもののありのままの姿を見ていこう、ということです。

「日々是好日《にちにちこれこうにち》」という言葉をご存じでしょうか。この言葉をタイトルにした映画は、樹木希林さんの最後の主演ということでずいぶん話題になりました。

『宮本武蔵』などの作品で有名な小説家・吉川英治氏はこんな言葉を残しています。

「晴れた日は晴れを愛し、雨の日は雨を愛す。楽しみあるところに楽しみ、楽しみなきところに楽しむ」

これぞ、まさに「日々是好日」の心。また、いくつものレンズを持っている人の思考だと私には感じられます。

「今日はいい日だった」とか「嫌な日だった」とか、私たちは何かと日々を比べてしまいます。しかし、もし、ありのままに毎日を見つめるならば、その日一日が、そうあるべき日、つまり、良日となるのではないでしょうか。どの日もその人にとっても無駄な一日などありません。「良日」が来るまで待つ必要もない。今、即今、この場所、この日、この瞬間こそ大切な良日そのものなのです。

ブッダは「四諦《してい》」の第一「苦諦《くてい》」として「この世は苦である」と説きました。苦楽の一方に偏して、「これはよい」「これはよくない」と何にでも判断や評価を与えようとするから、「苦」になるということです。

確かに日々の生活では、辛いこと、悲しいこと、さびしいことも多いでしょう。そこで、こう考えてみたらどうでしょうか。**私たちが出会う一日一日は全くの別物で、どの日も有意義な一日になるはず、と。**

一年に春夏秋冬があるように毎日の生活の中にも〝春夏秋冬〟があってよいのではないでしょうか。晴れの日、雨の日、風の日、嵐の日、雪の日があるからこそ、人生が豊かになるのです。人は比べるから、悩みや執着が出てくるのです。

「比べない」こと。比べずに、どんな状況に置かれてもその瞬間に起こっている現象をありのまま受け入れて、「比べないから心が安らぐ」という生き方を耕作していくことが大切です。

人の一生は、砂時計だ

あなたの部屋の時計は、どんなタイプの時計でしょうか。長針と短針、それに秒針が回る時計というのは今では珍しくなりました。多くの方がデジタルの数字表示のものを使っていらっしゃるのではないでしょうか。あるいは、そもそも時計を持っていないということも考えられます。スマートフォンがあれば正確な時間がいつでもわかります。腕時計をはめないという人もずいぶん多くなったと聞いています。

なぜ時計の話をしたかというと、ここでは「時間」の大切さを読者のみなさんと一緒に改めて感じたいと思ったからです。私は、一番大事なものは何かと問われたら、それは時間だとお答えします。

私たちの「生」には、限られた時間しかありません。「生」と「死」は始点と終点の関係なので、始まった「生」は、刻一刻と終点である「死」に向かっています。私たちにはもともと限られた時間しかない上に、それはどんどん「目減り」していっています。一秒ごとに。今、このときも。

とはいえ、頭ではそう知っていても、毎日過ごす中で一秒一秒を「大切だ」と感じている人は少ないでしょう。一秒どころか「あーあ、今日は無駄に過ごしちゃった」という経験は結構あったりもしますよね。

私は、これは、針の時計のせいが大きいのではないかと思うのです。1時間で長針が一周し、12時間で短針も一周して元の位置に戻り、再スタートを切ります。毎日その繰り返しを見ているうちに、人間は心のどこかで「また同じ時間が始まる」と勘違いしてしまっているのではないでしょうか。つまるところ、針が「元に戻る」ので、時間が刻々となくなっていっているという実感がないでしょう。参議院議員の藤末健三先生は私に「時計が全て砂時計であれば、人々が緊張を持って人生を考えるし、時間を大切に生きる」と言われました。私も同感です。

チベットの高僧ゾンサル・ケンツェ・リンポチェは私に「マサキ、皆は誕生日にロウソクを立てて、お祝いで息を吹きかけロウソクの火を消しているけれども、死に向かう〝命の時間〟を消していることを覚えておいてください」と言われました。

もしも私たちの「生」の時間を刻む時計が砂時計だったらどうでしょう。時間という砂の粒が落ちていくのが目に見えるので、「時は戻らない」ということを否応なく実感することになるはずです。間違いなく、もっと緊張感をもって毎日を生きていくでしょう。時間がなくなっていく恐怖感と背中合わせですが、一瞬とも無駄にしたくないと思うことでしょう。まさに「今を生きる」との心意気です。

しかし、覚えておいてください、実際、寿命は砂時計であるということを。それぞれの寿命はわからないので、一人ひとりの砂時計の中に入っている砂の量も違うわけですが、針がくるくる回って元の位置に戻る時計ではなく、一粒一粒「生」の時間が減っていく砂時計をイメージすることで、生き方がより良い方向に変わるのではないかと思います。一番大事なものは何か。それは時間です。

人生にはいろいろなドアがあり、道がある

アメリカでよく使われる言葉に、次のようなフレーズがあります。

"When one door closes, another opens."
（一つのドアが閉じるとき、もう一つの扉が開く）

一つの何かが終っても、次の何かがまた始まる。もっとたくさんのドアが開いているということを教えてくれるのです。私の友人がある会社のCEOの職を奪われたとき、私はこの言葉を彼に送りました。一年後、彼本人から聞いた話ですが、「あのときマサキは『一つのドアが閉じるとき、もう一つの扉が開く。今度は世界があなたを待っていますよ』と言ってくれたんだ。その言葉で、私にはまだまだたくさんやるべきことがあったと気づかされたんだよ」と。

私たちはただ気づいていないだけで、今こうしているうちにも、目の前にはいくらでも道があるし、たくさんのドアが開いています。言い方を変えれば、人生に失敗したと思ったときこそ、他の道でそれだけ成功に近づいたのではないでしょうか。

本書の最初で、人生は流れていくものだとお話ししました。だから、荒れた波に逆らっても仕方がない。コアを持って流されれば、次のチャンスに必ず巡り合えると。

この考え方は人類共通のようで、中国には「人間万事《ばんじ》塞翁《さいおう》が馬《うま》」という言葉があります。

昔、中国の北方の村に塞翁という名の老人が住んでいました。あるとき、老人が飼っていた馬が逃げ出してしまいます。近所の人たちは残念がってくれますが、老人は平気な顔で「そのうち福も来るだろう」と言いました。

少し後になって、逃げた馬が駿馬を連れて戻ってきます。人々が集まってそれを祝っていると、今度は「これが不幸の元になる」と言います。その予言が当たったのか、その駿馬に乗った老人の息子が落馬して足の骨を折る大けがをしてしまいます。人々が気の毒がっていると、「これが幸せの元になるだろう」というのです。

一年後、戦争に巻き込まれて、村の若者たちのほとんどが戦死します。けれども、足の骨折で戦に出られなかった息子は生き延びることができました。

この話は、人生においておこる出来事はそれ単体では「幸」なのか「不幸」なのかは予測できないということを伝えています。幸が不幸に転じることもあれば、またその逆もあるということです。

もっと端的に、「ピンチはチャンス」という言葉もありますね。パナソニック創業者の松下幸之助氏も、この言葉をよく口にされたと言います。

人類は、長い歴史の中で、なにか辛いことや苦しいこと、残念なこと、不幸なことがあったとしても、「次のドア（＝チャンス）がある」と自分を、あるいは他人を励まして歩んできたのです。失敗したら、取り返せばいいだけのこと。転んだら、立ち上がればいいだけのこと。落ちたら這い上がってくればいいだけのこと。諦めずに続けることが大事です。諦めない限りは負けなどないのです。

この本を手に取って、ここまで読んでくださった方の中には、もしかしたら「one door（一つのドア）」が今にも閉まりそうという状況に直面している人、もしくはそのドアが閉まってしまった人がいると思います。大切な人との別れ、好きだった場所からの旅立ち、慣れ親しんだ仕事を手放さざるを得ない事情……。人生にはさまざまな「ドアが閉まる瞬間」があります。その瞬間は、とてもさびしくて、とてもつらいだろうと思います。ドアが閉まらないようにと、必死ですがってしまいたくなるかもしれません。でも、そのときにはこの言葉を、ぜひ思い出してください。

〝When one door closes, another opens.〟
（一つのドアが閉じるとき、もう一つの扉が開く）

もう一度言います。実際は、一つのドアだけではありません。いくつものドアが一斉に開き始めているのです。

そして、私からの最後の一言です。**閉まるドアに向かって、あるいはすでに閉まったドアに向かって、「ありがとう」とただただ感謝いたしましょう。**幸福は感謝の気持ちをつくりません。感謝が幸福の種をまき、そこから幸福の気持ちが芽吹くのです。感謝することで、ほんとうの「Good-bye」ができます。しっかりと「Good-bye」ができれば、その先には、新しい「Hello」が必ず待っています。

あとがき

「大丈夫！」をいつも心に

1999年10月、私のサンティアゴ・コンポステーラ巡礼路の旅は、マドリッドの北東約400キロに位置するザビエル城から始まりました。日本にキリスト教を伝えたフランシスコ・ザビエルの生誕地並びに幼少時代の住居です。

この巡礼路の途中、モリナセカという町に到着した晩のことです。橋のそばのレストランでコーヒーを飲んでいて、ふと上を見上げると、壁に詩人アントニオ・マチャード（1875－1939）の詩「道」の一節があるのが目に入りました。

「旅人よ、道はない。歩くことで道は出来る」

私はすぐにこの言葉が好きになりました。日本に戻ってから、師父・哲明和尚にこの言葉を見つけたことを話すと、父は黙って書斎に戻り、すぐに一冊の本を持って、ペラペラと捲りながら私のところへ戻ってきました。「これ読んでごらん」と開いたページには、高村光太郎（1883-1956）の詩「道程」がありました。

「僕の前に道はない　僕の後ろに道は出来る」

この冒頭のくだりに、「マチャードの詩と同じだね」とつい声を発したのを覚えています。それ以来、私の「心の杖ことば」になっています。

私は最後に二つのことをお伝えして、本書の結びとしたいと思います。

一つ目は、アイルランド出身の詩人で劇作家であったオスカー・ワイルド（1854-1900）の言葉。

"Be Yourself. Everyone Else Is Already Taken"

直訳すれば、「自分自身でありなさい。他はみんな既に取られてしまっているのだから」となるでしょう。あなたはあなただけ。ああなりたい、こうなりたい、こういうふうに出世したいと思うところで、それはみな他者です。「他人の人生を生きるのではなく、自分の人生を生きる」ということ。自分という存在が一番ユニークで、希少で、誰にも真似することができない、あなただけのものです。ここにそれぞれが持つ絶対的な強さ、そして価値があるのです。

どうか、自分を信じて、自分自身の道を進んでください。

もうひとつは、最後まで諦めなかったある一人の男の話です。

彼は、5歳で父を亡くし、それ以来、働く母に代わって弟妹の面倒をみました。16歳で学校を辞め、17歳ですでに4つの仕事に失敗したといいます。その後は市電の車掌をはじめとしてもろもろの仕事で働きますが、全て失敗に終わっています。軍隊に入隊してもうまくいかず、40種以上の職を転々とし、大恐慌の煽りを受けて倒産するなど失敗の人生が続きました。

18歳で結婚し、19歳で父となりましたが、20歳のときに妻がまだ赤ん坊の娘を連れて家を出てしまいます。その娘を取り返そうとしますが、それも失敗。妻を説得してなんとか戻ってもらったけれども、結局は離婚。その後再婚しますが、息子を亡くすというどん底に落ちます。なんとも波乱万丈な人生を送った彼は、65歳でリタイア。そのとき、これまでの失敗続きの人生を振り返り、これ以上生きている意味がないと自殺を決心します。

木の下に座り、遺書を書く代わりに彼は、人生で達成していたであろうことを書き出しました。すると、それは自分がこれまで達成してきたことが思っていた以上にたくさんあったことに気づいたのです。その中で、彼が誰よりも長《た》けていると自負するものも一つだけありました。それは、料理です。そこから、彼のフライドチキンビジネスが始まったのです。

そう、この失敗続きの波乱万丈の男こそ、カーネル・サンダース（1890-1980）の名前で知られるケンタッキーフライドチキンの創業者であるハーランド・サンダースなのです。

覚えておいてください。

65歳で自殺を決心した彼は、88歳のときにはカーネル・サンダースとして、世界中に広がるケンタッキーフライドチキン帝国を築き、億万長者として大成功していたのです。彼の人生からのレッスンは、何かしようとするその姿勢です。何かをしようとするとき、決して遅すぎるということはないということ。そして、決して屈しない、ネバーギブアップの精神です。その道がどんなに困難であっても、人から不可能と思われても、決して諦めないこと。

大丈夫！
誰もがみな、必ず成功するものを持っています。

大丈夫！
Don't Give Up!（ネバーギブアップ）

大丈夫！

私は、日本とアメリカの禅伝道の架け橋を架け続けていく旅人でありたいと思います。いま、ふと外を見ると、雪が深々と降っています。はたしてこの雪はどこに落ちていくのでしょうか？

まさに「好雪片々不落別處」（好雪片々別處《こうせつへんぺんべっしょ》に落ちず）。つまり「無造作に舞い落ちている様に見える雪も、実は落ちるべきところに落ちている」ということです。この雪もまた旅人。この雪のように、何か大きな流れ、つまり縁にしたがって、禅伝道という目標に向かって一歩一歩旅していこう。そして、一度しかない人生を旅していこう。マチャードの「旅人よ、道はない。歩くことで道は出来る」を心の杖ことばとして。

大丈夫！

令和二年　冬　ニューヨークにて

松原正樹

【著者紹介】

松原正樹（まつばら・まさき）

1973年、東京都生まれ。

千葉・富津市のマザー牧場に隣接する臨済宗妙心寺派佛母寺住職。

アメリカのコーネル大学東アジア研究所研究員。ブラウン大学宗教学部、並びに瞑想学研究所非常勤講師。

大ベストセラー『般若心経入門』の著者で名僧の松原泰道を祖父に、松原哲明を父に持つ。

コーネル大学でアジア研究学の修士号、宗教学博士号を取得後、カリフォルニア大学バークレー校仏教学研究所、スタンフォード大学HO仏教学研究所を経て、現在に至る。

グーグル本社で禅や茶道の講義をするなど、マインドフルネス界からも注目を集めている。

宗教者として、また宗教学者として、アメリカと日本を行き来しながら、禅仏教の伝道活動に広く務めている。ニューヨーク在住。

著書に『心配事がスッと消える禅の習慣』（アスコム）、『感情を洗いながす禅の言葉』（三笠書房）がある。


大丈夫《だいじょうぶ》！　雲《くも》の向《む》こうは、いつも青空《あおぞら》。

――365日《にち》を「日々是好日《にちにちこれこうにち》」にする禅《ぜん》のこころ

2020年4月8日　初版第1刷発行

著　　者　松原正樹

発 行 者　岩野裕一

発 行 所　株式会社実業之日本社
〒107-0062
東京都港区南青山5-4-30
CoSTUME NATIONAL　Aoyama Complex 2F

TEL：03-6809-0452（編集）
TEL：03-6809-0495（販売）
https://www.j-n.co.jp/

印刷・製本　大日本印刷株式会社

ISBN 978-4-408- 33921-4（ビジネス）